GTX 역세권
임장노트

GTX 역세권 임장노트

전병수 지음

매일경제신문사

프롤로그

어디에 투자할 것인가

어디에 사느냐가 당신의 부를 결정한다!

전 세계 주요국들의 수도가 대부분 'Urban Vs Suburban'의 구도로 형성되어왔듯이, 600여 년 전 인구 10만 명을 염두에 두고 만들어진 서울이라는 도시는 이제 광역교통망의 발달로 주변의 위성도시들까지 모두 흡수하는 인구 2,600만 명의 메가시티로 확장되고 있다.

앞으로 10여 년 후 GTX A, B, C, D를 비롯해 신안산선, 월판선 등 광역급행철도까지 모두 완성될 경우, 수도권은 외곽에서 서울 중심부로 30분 내 출퇴근이 가능해지는 사실상 행정적 경계선이 무의미해지는 '메가서울'로 탈바꿈하게 될 것이다. 'GTX 교통혁명의 시대, 당신은 어디에 살고 있는가? 그리고 향후 어디에 투자할 것인가?'라는 물음에 답하기 위해 필자는 이 책을 쓰게 되었다.

돈을 벌려면 '제2의 강남'을 볼 수 있는 안목을 키울 것!

부동산에 투자하려면 먼저 입지를 살펴야 한다. 입지란 각각의 부동산이 가지고 있는 고유 좌표를 말한다. 부동산(不動産)이라는 단어 그대로, 부동산은 움직일 수 없는 속성, 즉 부동성이 기본이다.

대한민국에서 가장 입지가 좋은 곳은 수많은 대기업 일자리가 있는 강남권역이다. 강남권에는 100억대 이상을 호가하는 아파트들도 있지만, 서울에서 가장 멀리 떨어진 지방 오지의 아파트값은 자동차 한 대값도 안 된다. 자본주의의 역설이라고나 할까?

부동산에서 입지를 표현하는 말은 다양하다. '지하철 역세권인가?', '학교가 인접한 학세권인가?', '스타벅스 매장이 가까이에 있는 스세권인가?', '공원이 가까이 있는 공세권인가?', '반도체공장이 있는 반세권인가?', '과천·광명과 같이 서울 바로 옆에 있는 옆세권인가?', '숲옆에 있는 숲세권인가?' 등 수없이 많다.

강남구의 인구는 50만 명이지만 일자리는 70만 개 이상이다. 다시 말하면 강남구에는 사는 사람보다 일하는 사람이 더 많다는 이야기다. 유동 인구가 많으니 카페와 음식점이 잘된다. 사람들이 몰리는 곳에 돈과 서비스가 몰리고 결국 부동산 가격도 올라간다. 과연 '제2의 강남'은 어디에서 찾아야 할까?

역세권이란, 흔히 지하철 역사에서 반경 500m 이내, 도보로 10분 정도 소요되는 거리를 칭한다. 집값이 비싼 서울은 역세권의 개념이 수도권보다는 약간 더 여유롭게 반경 1km 정도를 칭한다.

하지만 GTX 역세권은 역사에서 반경 300m 정도로 한정 지어야 한다. 흔히 통근거리와 통근시간을 칭할 때는 지하철을 타고 집에서 직장까지 최종적으로 이동하는 시간개념, 즉 'First mile, Last mile'이 중요하다. 아침 일찍 출근해야 하는 직장인에게는 부동산 분양사들이 주장하는 단순히 '강남까지 30분(새벽에 달릴 때?)' 등의 시간개념이나 '직선반경 500m, 1km' 등의 물리적 거리개념보다는 집에서 직장까지 가는 데 걸리는 총 시간개념('First mile, Last mile')이 훨씬 더 중요하게 와닿을 수밖에 없다.

대심도 철도인 GTX의 특성상 지상에서 지하 45m까지 5분 이상 엘리베이터를 타고 내려가야 한다는 점에서 GTX 교통혁명의 시대에는 역사와 초근접한 부동산 가격이 훨씬 더 비싸질 수밖에 없다.

TIP. 역세권 검색 시 유료 경매 정보지의 지도 검색을 활용하자!

• •

필자의 경우, 아침에 일어나 제일 먼저 관심지역 인근의 경매 정보를 옥션원이나 스피드옥션에서 제공해주는 지도 검색 기능을 통해 서치한다. 서울을 비롯해 고양·부천·김포·인천·안양·광명·성남시 등의 경매 물건들은 '지도 검색' 기능을 잘 활용해 하루 30분 정도만 투자해도 좋은 경매 물건들을 실시간으로 파악할 수 있다. 부동산으로 큰돈을 벌기 위해서는 먼저 도시를 연구하고, 역세권 철도·도로망을 연구한 후에 지도 검색을 통해 경매 정보를 비교 검토한 후, 입찰하는 것이다. 지금까지 필자의 경매 투자 성공 방정식이다.

• •

〈옥션원 지도 검색〉

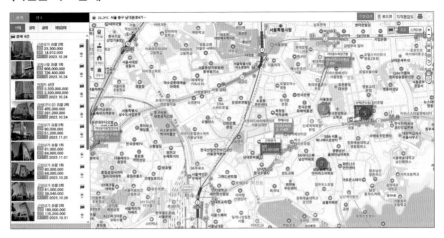

출처 : 옥션원

〈스피드옥션 지도 검색〉

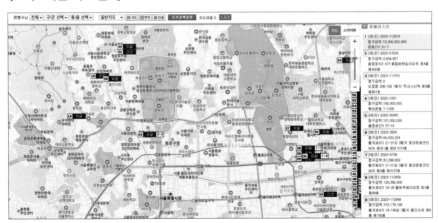

출처 : 스피드옥션

도시를 연구한 후 나만의 '부동산 투자 지도'를 만들어라!

스타벅스는 2023년 12월 기준으로 전 세계 70여 개국에 약 3만 6,000개의 매장이 있으며, 그중 한국에만 1,820개의 매장이 있다. 이처럼 한국에 스타벅스가 성공적으로 자리 잡게 된 배경에는 여러 요인이 있겠지만, 무엇보다 스타벅스 내 점포개발팀의 역할이 크다.

점포개발팀에서 일하는 파트너들은 스타벅스의 매장 후보지 발굴부터 임대차계약, 인테리어 설계 및 공사, 시설유지 보수 등 전 과정을 담당한다. 이들 파트너들이 오픈 매장 후보지 선정 시 제일 먼저 하는 일은 '스타벅스 국토개발계획 지도'를 제작하는 것이라고 한다.

이들은 전국 지도를 펼쳐놓고 스타벅스 매장을 열 수 있는 모든 후보지를 조사하는데, 우선 전국의 지하철역과 신설 예정지역을 지도에 그려 넣는다. 마찬가지로 버스 정류장도 매장 오픈 후보지에 포함하는데, 버스 정류장별 승하차율을 고려해 매장을 열 여건이 되는 버스 정류장을 계산해서 추가 오픈 대상에 포함한다고 한다.

사람들이 많이 모이는 장소나 KTX·GTX 역사 등을 조사해 일일이 지도에 표시하고, 특히 판교·동탄·김포 등 정부 주도로 건설되는 모든 신도시와 거주인구가 이동하는 동선을 분석한 후에 실제 개발이 시행되는 시점까지 고려해 연도별 매장 오픈 계획을 지도와 연계해 표시해나간다고 한다.

언젠가부터 한국에서는 도심지 곳곳에 스타벅스 간판이 하나둘씩 보이기 시작하더니, 지금은 수도권 중심지 곳곳에 스타벅스 매장이 없는 곳이 없다. 심지어 '스세권'이라는 신조어까지 탄생했다. 이러한 스타벅스 한국지사 내 점포개발팀의 부동산 입지 전략은 부동산 투자에서도 참고할 만한 매우 유용한 방식이다.

돌이켜 보니 필자도 스타벅스 점포개발팀처럼 15년 전부터 부동산에 투자할 때, 먼저 수도권 전역의 지도를 펼쳐놓고 샅샅이 분석했다. 15년 전만 해도 동원 가능한 금액이 그리 많지 않았기에 부동산 입지분석에 더욱 신중에 신중을 기했다. 단 한 건이라도 입지분석에 실패한다면, 부동산 투자를 다시는 이어갈 수 없기 때문이다.

12년 전, 필자는 판교에 살고 있었다. 남들이 보기에 판교에 산다고 하면 여유가 많다고 생각하겠지만, 실상은 아파트를 구입할 때 주택자금대출로 대부분 장만했기에 동원 가능한 자금이 그리 많지 않았다. 분당이나 강남 쪽 부동산은 경매로 나와도 가격이 너무도 비싸 엄두를 낼 수 없는 수준이기에 1기 신도시 중에 비교적 저평가되었다고 느껴지는 부천, 일산 등의 도시들을 연구하고 해당 지역 내 중심지 부동산 위주로 경매 투자를 해왔다.

역세권 상가를 경매로 낙찰받아 임대를 놓을 경우, 유동인구가 많아 임차인 확보도 쉽고, 월세 수익률도 높았다. 하지만 이미 상권이 자리 잡은 역세권 상가의 경우 대부분 고가이기에 나름대로 해당 도시의 입지와 상권 분석을 통해 향후 역세권으로 부상할 가능성이 큰 입지들 위주로 공략했다.

지난 부동산 경매 투자 경험을 돌이켜 보니, 필자가 퇴직 이후에 뚜렷한 직장 생활을 하지 않고도 치열한 경매 투자 세계에서 생존한 이유는 다음과 같다.

① 투자할 도시와 해당 부동산의 입지분석을 철저히 한 후에 경매 투자를 했다.

② 해당 도시에서 가장 인기 있는 지역과 부동산 위주로 거래했다.

예를 들어, 필자의 주요 공략지역이었던 부천의 경우, 지하철 7호선 개통(2012년 10월) 2~3년 전부터 신규 역사 부근의 경매 물건을 발로 뛰며 현장을 보고 치밀하게 입지분석을 한 후 입찰에 들어갔고, 단 한 건의 실패사례도 없이 대부분 상당한 시세차익을 거두었다.

퇴직 이후 10여 년간 살았던 고양시에서도 철저히 지하철 3호선과 경의중앙선 행신역·탄현역 등 역세권 경매 물건 위주로 공략했다.

직장인과 은퇴자의 경매 투자 전략은 근본부터 다르다. 조직에 몸담은 직장인이야 안정된 월급이 나오지만, 은퇴자가 부동산 경매 투자를 단 한 건이라도 잘못하면 다시 헤어나오기 힘든 나락에 빠질 수 있다. 그래서 필자는 철저히 수도권 일대의 거점도시들을 연구하고, 그 도시 중에 입지가 가장 센 곳이 어디인지, 경매 투자 시 가용자본으로 투자할 최대치는 얼마까지인지를 놓고 늘 고민하며 투자해왔다.

앞으로 10년, 수도권 부동산 시장에는 GTX 교통혁명이 휘몰아칠 것이다. 수도권 외곽의 어느 도시든 서울 중심지로 30분 안에 도달할 수 있는 GTX(수도권 광역급행철도)가 단계적으로 개통되기 때문이다. 대한민국의 현대사는 경제력의 신장에 따른 서울의 끊임없는 영토 확장 과정이었고, 이제는 수도권 전체가 GTX 개통으로 '메가시티 서울'의 영역 안으로 들어오게 되는 세상이 도래했다.

이에 이 책에서는 수도권 투자를 위한 큰 그림을 그려나간다는 인식하에 GTX란 무엇인지 살펴볼 것이다. 그리고 GTX가 개통될 경우 서울에서는 어떤 지역이 부상할지, 어떤 부동산이 유망할지 살펴보고, 수도권에서는 어떤 곳이 GTX 거점이 될지, 어디에 투자해야 수익률이 높을지 등을 다양한 차원에서 고찰해보고자 한다.

CONTENTS

프롤로그
어디에 투자할 것인가 ··· 4

Part 1

GTX란?

1. GTX란 무엇인가? ··· 19

2. GTX 사업 추진 현황 ··· 22

　　GTX 이동 시간 및 요금 ··· 24

3. GTX 개통 후 부동산 변화 ··· 26

4. GTX 혁명 시대의 키워드 : '거점'과 '환승' ··· 29

　　GTX 혁명 시대에 다시 짜는 부동산 투자 전략 : '80 : 20의 법칙' ··· 29

5. GTX 교통 혁명 시대에도 서울을 연구해야 돈을 번다 ··· 32

　　GTX 시대 서울은 '메가시티'로 간다! ··· 32

　　서울에 투자하려면 도시계획부터 살펴라! ··· 35

Part 2

서울 편

1. GTX 트라이앵글 ··· 41

　　삼성역 – 강남의 미래는 왜 삼성역일까? ··· 41

　　서울역 – 북부역세권 사업을 주목할 것! ··· 48

　　청량리역 – 서울 동북권 환승거점 ··· 53

2. GTX 황금거점 ··· 58

　　용산역 – 용산, 과연 용처럼 비상할까? ··· 58

　　수서역 – 동남권 복합개발 ··· 76

　　양재역 – 동남권 교통의 메카 ··· 78

　　여의도역 – 국제 금융 업무의 메카 ··· 82

3. GTX 핫플레이스 ··· 93

　　왕십리역 – '비즈니스타운'으로 탈바꿈할 동북권 교통거점 ··· 93

　　광운대역 – 광운대 역세권 사업을 주목할 것! ··· 100

창동역 – 서울 강북권의 신흥 복합거점 예정지 ··· 102

연신내역 – 서울 서북권의 숨은 진주 ··· 108

4. 서울 경전철 사업 들여다보기 ··· 114

서울 경전철 사업의 경과 ··· 115

우이신설선(2017년 9월 2일 개통) ··· 116

신림선(2022년 5월 24일 개통) ··· 117

동북선(2026년 7월 개통 예정) ··· 118

서부선(2028년경 개통 예정) ··· 120

위례선(2025년 말 개통 예정) ··· 122

위례신사선(2028년경 개통 예정) ··· 123

강북횡단선(개통 시기 미정) ··· 124

면목선(2024~2025년 개통 예정) ··· 125

Part 3

수도권 편

1. GTX A ··· 130

파주시 – GTX 운정역 복합환승센터 일대가 핵심! ··· 131

킨텍스역 – 고양시 3대장과 킨텍스역 ··· 135

대곡역 – 고양시 최고의 지하철 환승요지 ··· 138

창릉역 – 창릉은 3기 신도시의 선두주자! ··· 143

성남역 – GTX 성남역과 판교 신도시 ··· 147

용인역 – 용인 플랫폼시티와 반도체 산단 ··· 150

동탄역 – 수도권 남부 광역 교통거점 ··· 154

2. GTX B ··· 157

송도는 동북아 허브도시가 될 수 있을까? ··· 157

송도 신도시 입체분석 ··· 160

영종도는 어떻게 국제공항이 되었나? ··· 167

청라 부동산은 왜 송도만큼 비싸지 않을까? ··· 168

부평역 – 부평역 일대 관심 아파트는? ··· 172

부천종합운동장 – 수도권 서남부의 관문 ··· 173

별내역 – 남양주의 별이 될까? ··· 176

3. GTX C ··· 180

　GTX C 개요 ··· 180

　수원역 - 수도권 남부의 거점도시 ··· 182

　금정역 - 역세권 재개발 사업을 주목할 것! ··· 184

　인덕원역 - 쿼드러플 교통거점 ··· 186

　정부과천청사역 - 과천은 사실상 경기도의 강남! ··· 187

　의정부역 - 군사도시에서 교통거점도시로 부상하는 의정부 ··· 193

4. GTX D ··· 194

　GTX D 개요 ··· 194

　김포 - '김포의 서울 편입', 가능한 이슈인가? ··· 195

　검단 - 검단 신도시는 아직 개발 중? ··· 198

　계양 - 계양 테크노밸리는 자족도시로 성장할까? ··· 200

　부천 대장과 마곡 -기업을 연구해야 부동산이 보인다! ··· 201

Part 4

EX 100 편

1. 'EX 100'이란? ··· 207

2. 월판선 – 수도권 남부 산업벨트가 완성된다 ··· 208

3. 신안산선 – 교통 소외지역의 반란이 시작된다 ··· 210

4. 수도권 서남부 교통거점도시를 주목하자 ··· 212

　광명 – 사통팔달의 교통 허브도시 ··· 212

　안산 – 반월공업도시에서 첨단산업벨트로 변신한다! ··· 217

　시흥 – 시흥의 교통 잠재력을 주목하자! ··· 220

　교통망 – 서해선·월판선·신안산선 ··· 222

　관심지 – 장현지구·은계지구·목감지구·배곧신도시 ··· 224

에필로그

빛나는 내일을 꿈꾸는 부동산 순례자들에게 ··· 228

Part 1

GTX란?

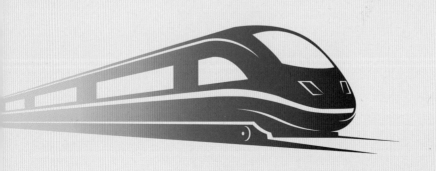

GTX란 무엇인가?

　GTX(Great Train Express)란 수도권 외곽과 서울 도심의 주요 거점을 연결하는 수도권 광역급행철도를 말한다. GTX는 기존의 지하철보다 더 깊은 지하 40~50m의 공간을 활용해 노선을 직선화해서 시속 100km 이상으로 운행하도록 하는 신개념 광역 교통수단이다.

　GTX는 최고 시속 200km, 평균 시속 100km의 속도로 주행하기 때문에 경기도나 인천에서 서울 중심부로 진입하는 데 기존 2시간 걸리던 시간을 30분 내로 대폭 줄일 수 있다. 이를 통해 수도권 인구의 70% 이상이 GTX의 혜택을 받을 것으로 전망된다. 모든 GTX 노선이 개통되면 수도권 개통 시간이 최대 80% 이상 단축될 것으로 전망된다. GTX A, B, C 노선은 서울역, 청량리역, 삼성역을 주요 거점으로 해서 방사형으로 교차되도록 구축될 예정이다.

　GTX는 수도권 교통 문제를 해결하기 위해 2007년 경기도가 국토교통부에 제안해서 추진되었고, 2010년 김문수 당시 경기도지사가 언급하면서 공론화되었다. 지난 수년간 GTX는 수도권 부동산 시장을 들쑤셔놓은 이슈였다. 대통령

선거 공약에 노선 신설 이야기가 나올 때마다 해당 지역 부동산 가격은 들썩이곤 했다. 윤석열 대통령의 선거 후보의 공약에는 GTX A, B, C라인뿐만 아니라 D, E, F노선도 언급되어 있다.

〈GTX(수도권 광역급행철도) 노선도〉

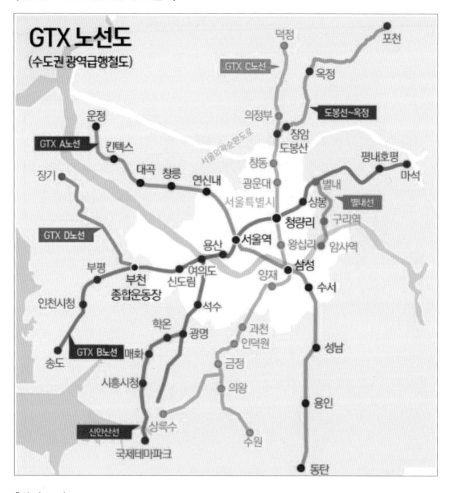

출처 : 〈News1〉

TIP. 철도의 종류와 GTX

철도는 크게 고속철도, 도시철도, 일반철도, 광역철도 등 4가지로 구분해볼 수 있다.

고속철도는 KTX와 같이 시속 200km 이상을 주행하는 철도다. 도시철도는 상주인구 10만 명 이상의 도시에서 운영하는 철도다. 현재 서울, 부산, 대구, 대전, 광주, 인천 등지에서 운영되고 있다. 일반철도는 고속철도와 도시철도를 제외한 철도로 서해선, 월판선(월곶–판교선) 등이 해당한다. 광역철도는 2개 이상의 시·도에서 운영되는 철도를 말한다. GTX A, B, C노선, 신안산선 등이 대표적이다.

구분	건설 주체	사업비 투자 비율	정의
고속철도	국가(한국철도시설공단 대행)	국가 45%, 공단 55% (경부고속철도)	열차가 주요 구간을 시속 200km 이상으로 주행하는 철도
		국가 50%, 공단 50% (경부고속철도 2단계, 호남고속철도)	
		국가 40%, 공단 60% (수도권고속철도)	
도시철도	지자체	국가 60%, 지자체 40% (단 서울시의 경우, 국가 40%, 서울시 60%)	도시교통권역에서 건설·운영하는 철도
광역철도	국가(한국철도시설공단 대행)	국가 75%, 지자체 25%	2개 이상의 시·도에 걸쳐 운행되는 도시철도 또는 철도
일반철도	국가(한국철도시설공단 대행)	국가 100%	고속철도와 도시철도를 제외한 철도
전용철도	수요자	민간 100%	특수 목적을 수행하기 위해 설치 또는 운영하는 철도

출처 : 철도산업정보센터(KRIC)

GTX 사업 추진 현황

⟨GTX A·B·C 사업 근황⟩

구분	A노선	B노선	C노선
총연장	83.1km 파주 운정~화성 동탄역	82.7km 인천 송도~경기 마석역	74.8km 경기 양주 덕정~수원역
사업 구분	민자 : 파주~삼성(42.6km) 재정 : 삼성~동탄(39.5km)	민자 : 인천대입구~용산, 상봉~마석(62.8km) 재정 : 용산~상봉(19.9km)	민자
주관·시공	신한은행컨소시엄 1·2공구 : 대우건설 3·4공구 : SK에코플랜트 5·6공구 : DL이앤씨	대우건설컨소시엄 1공구 : 대우건설 2공구 : DL이엔씨 3공구 : 현대건설 4공구 : KCC건설	현대건설컨소시엄(우선 협상 대상자)
추정 사업비	민자 : 3조 3,641억 원 재정 : 2조 103억 원	민자 : 3조 8,421억 원 재정 : 2조 5,584억 원	4조 3,857억 원
예타 통과	2014년	2019년	2018년
착공 예정	재정 : 2017년 3월 민자 : 2019년 6월	2024년	2023년
개통 예정	2024년 상반기	2030년	2028년

출처 : 땅집고, 〈비즈워치〉, 〈철도경제신문〉

GTX A노선은 운정-킨텍스-대곡-창릉-연신내-서울역-삼성역-수서-판교-용인-동탄까지 총 11개 역이다. 1차로 2024년 상반기에 수서역-동탄역 구간이 개통되고, 2차로 2024년 하반기에 운정역-서울역까지 개통될 예정이다. 삼성역은 영동대로 복합화 사업이 완료되는 2028년경 개통된다.

GTX A노선 중 주목할 만한 사업으로는 서울시에서는 서울역 북부역세권 사업, 삼성역 국제교류업무지구, 수서역 복합개발 사업 등이, 수도권에서는 판교 테크노밸리, 용인 플랫폼시티, 킨텍스 일산 테크노밸리, 대곡 복합환승센터 개발 사업 등이 있다.

GTX B노선은 송도-인천시청-부평-부천종합운동장-신도림-여의도-용산-청량리-망우-평내-마석을 연결하며 2030년경 완성될 것으로 예상된다. 주목할 만한 역사는 송도 복합환승센터, 부천종합운동장 역세권 개발 사업, 청량리 복합환승센터 등이다.

GTX C노선은 덕정-의정부-창동-청량리-삼성-양재-과천-금정-수원으로 현대건설 컨소시엄이 시공사이며, 2028년경 개통될 예정이다. 주목할 만한 역사는 청량리역, 삼성역 외에도 창동역 일대 역사개발, 양재역 서초복합청사 및 양재-우면 R&D센터, 금정역 복합환승센터, 수원역 복합환승센터 등이 있다.

GTX D노선은 김부선(김포 한강 신도시-검단-계양-부천 대장지구-부천종합운동장) 라인일지, 아니면 Y자 라인(영종도-부천종합운동장)일지 아직 확정되지 않았다. 2035년 이후에나 빛을 볼 전망이다. 이 외 GTX E, F노선까지 거론되고는 있으나 워낙 천문학적인 비용이 소요되기에 GTX A, B, C노선의 개통을 확인해보고 해당 지역 투자에 나서도 늦지 않을 것이다.

GTX 이동 시간 및 요금

〈GTX 노선별 단축 예상시간〉

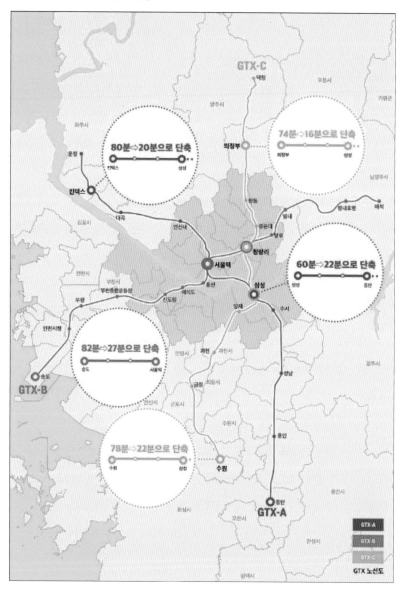

출처 : 서울시 미래지도

GTX 개통 후 최대 수혜지역은 서울 중심부로부터 가장 먼 지역일 수 있다. 지금까지는 출퇴근 문제로 서울과 인접한 광명·과천·판교 등 소위 옆세권 아파트들이 강세를 보이고 있었다. 하지만 GTX 완공 후에는 옆세권 아파트뿐만 아니라 그동안 교통 소외지역이었던 운정·일산·동탄·의정부·송도 등 경기도 외곽 지역 아파트들의 상승 폭이 커질 수 있다.

예를 들어, 삼성역과 물리적 거리로는 38km나 떨어진 동탄역의 경우 현재 지하철로 77분이나 걸리지만, GTX 개통 후에는 19분으로 대폭 줄어든다. 의정부도 삼성역까지 지금은 73분이지만, GTX로는 불과 13분이면 된다. 일산 킨텍스역에서 서울역까지는 52분에서 14분으로 줄어들고, 특히 송도는 인천지하철 1호선이 약간 돌아가는 노선이라 서울역까지 82분이나 걸리지만, GTX로는 불과 27분이면 가능하다.

GTX는 기본운임이 아직 확정되지는 않았지만, 2015년 당시 계획한 2,592원에 물가 상승률 등을 감안하면 3,000원 초반 정도로 예상된다. 기본운임 3,000원에 10km가 넘으면 붙는 5km당 거리 운임은 250원 정도로 예상된다. 대략 동탄역에서 삼성역까지는 3,680~3,896원대, 파주 운정역에서 삼성역까지는 4,112~4,382원 정도로 예상되지만, 더 올라갈 수도 있다. 그러나 2023년에 지하철, 버스요금 등 대중교통요금이 20% 이상 급등한 점을 감안할 때, 실제 개통 시에는 킨텍스-삼성역까지 GTX 요금이 1만 원을 넘어설 것이라는 예상도 있다. 최종 요금은 GTX 개통 두 달 전에 확정된다.

GTX 개통 후
부동산 변화

　대한민국 역사에서 가장 먼저 등장했던 부동산 개발의 축은 경인선으로 대표되는 서울과 인천을 연결하는 라인이었다. 이후 1960년대 경부고속도로의 등장과 함께 경부축으로 옮겨갔고, 제조업 중심의 산업기반이 중추였던 1980~2000년대까지는 제조업 공장이 있는 울산·거제·마산·창원·구미 일대의 부동산 가격이 고공 행진할 수밖에 없었다.

　선진국 반열에 진입한 지금, 우리나라 산업의 축은 다시 지식기반의 4차 산업 혁명 시대로 이동하고 있으며, 그 중심에는 반도체·바이오·전기차배터리·로봇·AI 기반 등 지식기반 산업으로 이동하고 있다.

　최근 삼성전자는 2040년까지 300조 원을 투입해 용인에 세계 최대의 시스템반도체 단지를 조성할 계획이라고 발표한 바 있다. 그렇다면 용인·평택 등 첨단 반도체 생산공장 인근에 반도체 소부장(**소재·부품·장비**) 업체들도 자연스럽게 산업클러스터를 형성할 것으로 보이기에 인근 안성·오산·광주권역도 덩달아 수혜를 볼 것이다. 결론적으로, 2020년 이후 수도권 일대에서 최고의 부동산 투자의 기회는 판교·용인·동탄·평택·안성 등 남부권역에서 찾아야 할 것이다.

서울의 경우, 2010년대 1,040만 명으로 정점을 찍고 최근 940만 명까지 인구 감소현상을 나타내고 있다. 반면 경기도의 경우, 반도체 클러스터를 비롯한 제조업 산단을 중심으로 2030년대까지 지속해서 인구가 증가할 것으로 보인다. 2030년경 예상되는 GTX 교통혁명 완성의 시대에는 서울·경기도·인천이라는 행정구역별 단위가 아닌 산업 일자리별 구획 단위로 부동산 시장을 바라봐야 할 것이다.

2030년경 수도권 곳곳에 GTX가 완공되면 부동산 시장에는 과연 어떤 변화가 생길까?

첫째, 아파트 등 주거용 부동산의 경우, 파주 운정과 일산·동탄·용인 등 수도권 외곽의 집값은 서울 중심지역 집값과의 격차를 줄이게 될 것이다. 한국의 총자산 중에서 부동산 비중은 70%를 초과한다. 유주택 비중이 60%, 무주택가구 비중은 40%다. 주택 가격의 변동은 그대로 자산 격차로 직결된다. 한국의 빈부 격차는 근로소득보다는 부동산 자산에 의해 결정된다. 2016년 이후 계속된 주택가격의 상승은 그대로 자산의 양극화를 심화시켰다. 또한 수도권과 지방의 격차를 증가시켰다. 2024년 이후에는 GTX 역세권과 비역세권 간의 집값 격차가 커질 전망이다.

둘째, 상가·오피스텔의 경우 아파트와 달리 다소 유동적이다. 파주 운정역이나 동탄역 주위 상가들은 분양 당시 GTX 호재가 선반영된 높은 가격에 분양되지만, GTX 개통 후 상권이 오히려 더 침체될 가능성이 있다. 소위 '빨대효과'로 인해 외곽보다 서울 중심부의 상권이 더 살아날 확률이 높다. 서울 강남의 치과, 성형외과, 의류 쇼핑몰, 백화점 등의 상권은 더 잘 나갈 것이다.

셋째, GTX 역사들은 해당 지역의 거점이 될 것이다. 특히 복합환승센터역들을 주목해야 한다. 복합환승센터는 단순히 버스·철도의 교차점이 아니라 쇼핑몰·호텔·컨벤션센터·박물관 등이 결합하는 플랫폼이 될 것이다. 지자체장들도 GTX 복합환승센터역을 중심으로 첨단벤처기업들을 유치하는 등 거점 개발을 시도할 것이다.

GTX 혁명 시대의 키워드 : '거점'과 '환승'

GTX 혁명 시대에 다시 짜는
부동산 투자 전략 : '80 : 20의 법칙'

자본주의 사회에서는 상위 20%가 하위 80%를 압도하는 '80:20의 법칙'이 철저히 적용된다. 고령화에 따른 인구감소의 시대에도 지방 도시의 소멸과 축소 도시화, 4차 산업군의 비중 확대 등으로 수도권 집중화 추세는 계속 이어질 전망이다.

고령화 사회가 진행되면 병원의 중요성이 더욱 높아지기 때문에 노인일수록 산간벽지로 들어가 자연인이 되기보다 큰 병원이 있는 대도시에 살기를 원한다. 은퇴 후에 전원생활을 만끽한다고 시골로 내려갔다가는 집수리와 잡초, 벌레, 난방비와의 전쟁 때문에 홍역을 치러야 한다. 도시와의 집값 격차로 다시 돌아오기도 힘들다.

GTX 교통 혁명 시대에도 GTX 거점역을 중심으로 부동산 가격은 80:20의 법칙이 적용될 수밖에 없다. 인구 감소의 시대에 산간벽지의 부동산 가격은 하락하지만, 수도권 GTX 중심지 부동산 가격은 지속해서 상승한다.

바야흐로 네이버, 카카오, 쿠팡 등 플랫폼이 지배하는 시대다. 마찬가지로 GTX 역사를 중심으로 한 교통플랫폼이 부상할 것이다. 복합환승센터란 열차·지하철·버스·택시 등 교통수단 간 원활한 연계와 함께 주거·상업·업무기능이 한곳에 집약된 일종의 플랫폼이다.

일반환승센터는 기존의 고속터미널과 같이 단순히 환승정류장과 편의시설 정도만 있는 곳이며, 복합환승센터는 환승정류장과 편의시설 외에 상업·문화·업무시설이 같이 들어간 교통 플랫폼이다. 광역철도역은 교통시설인 동시에 인구가 집중되는 주요 결절지다. 정부는 도시의 신성장 거점으로 육성하기 위해

〈환승센터 VS 복합환승센터〉

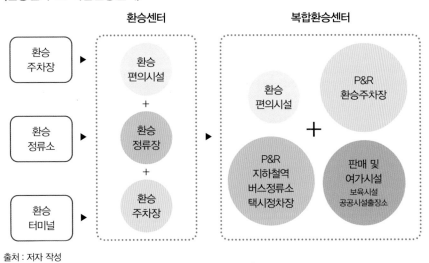

출처 : 저자 작성

기존의 철도역과 환승전철역·버스터미널 등을 상업·문화·업무기능이 결합된 복합환승센터로 지정해서 적극적인 개발을 추진하고 있다.

KTX 광역철도역을 중심으로 거점화를 구축한 대표적 사례로는 동대구역 복합환승센터와 KTX 광명역세권 개발 사업 등이 있다.

동대구역 복합환승센터는 고속철도인 동대구역 옆에 복합환승센터를 건설하고, 주변에 분산되어 있었던 고속·시외버스터미널을 위치시켜 대구·경북지역의 거점 환승센터로 건설했다. 또한 복합환승센터 내부에는 백화점·영화관 등 대형쇼핑·문화 시설들을 입점시키고, 역 앞에는 광장을 조성해서 지역의 경제거점이자 앵커 시설로 기능하게 했다. 동대구역은 복합환승센터 조성 이후 사람들이 모여들고, 인근 노후지역의 재건축·재개발 사업지도 진척을 보이면서 부동산 가격도 급등하는 등 복합환승센터의 대표적 성공사례로 인정받고 있다.

광명역세권 개발 사업은 2004년 개통된 KTX 광명역을 중심으로 주상복합·대형쇼핑몰·컨벤션센터 등 주거·상업·업무시설을 함께 조성한 사례로, 현재 지역의 훌륭한 중심거점 역할을 수행하고 있다.

대도시권광역위원회는 '제3차 환승센터 및 복합환승센터 구축 기본계획(2021년 8월)'을 발표, GTX 역사 20곳 및 KTX 역사 7곳, 거점지역 20곳 등을 선정했다.

* GTX 복합환승센터 20곳 : 금정, 대곡, 덕정, 동탄, 부천종합운동장, 부평, 삼성, 상봉, 서울, 수원, 양재, 여의도, 용인, 운정, 의정부, 인천대 입구, 인천시청, 창동, 청량리, 킨텍스

GTX 교통 혁명 시대에도
서울을 연구해야 돈을 번다

GTX 시대 서울은 메가시티로 간다!

세계화와 정보 기술 시대에 사람들은 계속 수도권과 같은 메가시티에 몰려들고 있다. 2022년 대한민국의 도시지역 거주 인구 비율은 81.4%로, 전 세계 평균 도시화율 57%를 훨씬 상회하고 있다. 2020년 이후 수도권에 거주하는 비율은 50.3%로 나머지 지역 전체보다 많아졌고, 2022년 기준으로 수도권(서울, 인천, 경기도)의 인구는 약 2,600여만 명으로 전 세계 6위의 메가시티로 볼 수 있다.

구한말을 거쳐 6·25 전쟁 이후 한국인들은 대부분 시골보다는 도시를, 특히 수도권에서의 삶을 선택해왔다. 그 이유는 바로 일자리 때문이다. 조선 시대와 같은 전통적인 농업사회에서 일자리는 바로 내 집 앞에 있었다. 바로 내 집 앞의 논밭에서 농사를 짓고, 김을 매고 소를 키웠다. 어부들은 집 근처 바닷가에서 어업활동을 했다.

1960년대 이후 우리나라가 농업사회를 벗어나 산업사회에 접어들게 되자 농

촌에 사는 사람들은 양질의 일자리가 있는 산업화된 도시들, 즉 울산, 부산, 마산, 창원, 광양, 당진 그리고 서울을 위시한 수도권으로 끊임없이 이동하며 터를 잡아왔다. 이제 급속한 산업화의 진전으로 선진국 반열에 오른 현재의 대한민국의 미래 먹거리는 어디에 있을까? 4차 산업, 즉 반도체·바이오·전기차배터리 산업 등에 달려 있다.

4차 산업의 특징은 무엇인가? 소수의 천재들이 다수의 군중을 먹여 살리는 구조다. 반도체·바이오·배터리 일터가 있는 곳은 어디인가?

양질의 인재들을 바로바로 고용할 수 있는 곳, 그곳은 대한민국에서 수도권 밖에는 없다. 수도권 중에서도 출퇴근자가 많은 베드타운보다는 4차 산업 클러스터와 첨단 IT 업종이 포진해 있는 판교·강남·성수·송도·마곡 등지에서 답을 찾아야 한다. 이들 입지의 부동산은 지금까지 대한민국이 걸어온 역사에 비추어볼 때 현재도 비싸지만, 앞으로도 더 비싸질 수밖에 없다.

도시학자 플로리다(Florida)에 따르면, 메가시티(Mega City)란 2개 이상의 거대 도시가 연담화된 구조로, 인구가 최소한 500만 명 이상, 경제 규모 3,000억 달러 이상의 광역화된 지역을 일컫는다. 플로리다는 메가시티 혹은 메가리전(Mega Region)이란 단순히 큰 도시가 아니라, 인재와 자본, 혁신과 생산 및 소비시장이 집중된 곳이며, 기존의 도시권과 질적으로 다른 경제단위라고 말한다.

메가시티의 부상은 오늘날 탈제조업과 지식서비스 산업의 성장으로 대변되는 디지털경제로의 전환 추세와 경제 성장 요소로서 인적 자본과 지적 자본의 중요성 강화 등의 새로운 트렌드를 반영한다.

결론적으로 성공적인 메가시티가 되기 위해서는 초광역권의 중추 '거점도시'를 중심으로 글로벌 경쟁력이 가능한 수준의 혁신 생태계를 구축해서 지역의 산업 및 일자리 창출의 새로운 계기를 제공할 수 있는 전략과 구상이 마련되어야 한다.

그렇다면 과연 대한민국에서 메가시티는 어디일까? 서울-경기도-인천을 잇는 2,600여만 명의 거대인구와 대한민국 최고의 대학들과 인재가 몰려 있는 곳, 4차 산업군(반도체·바이오·배터리 등) 업체들의 주요 본사들이 몰려 있는 바로, 수도권이다.

서울은 600년 전 인구 10만 명의 한성에서 시작해 1950년대 인구 150만 명, 1980년대 인구 1,000만 명의 메갈로시티, 그리고 2030년경에는 수도권까지 포괄하는 메가서울로 끊임없이 진화하고 있다.

4차 산업사회에서는 서울, 경기도, 인천 등의 행정적 단위 구분보다 메가시티 차원의 경제생산력에 포커스를 두어야 한다. 서울은 인구가 1988년 1,000만 명까지 급증했다가 2023년에는 940만 명대로 경기도·인천 등지로 빠지며 조금씩 감소해왔지만, 서울로 매일 출퇴근하는 인력까지 감안하면 1,300만 명 이상이 사는 거대도시다.

앞으로 10년, GTX가 열어가는 시대는 끊임없이 영토를 확장해가는 메가서울의 시대다. 메가서울은 단순히 서울에 주거하는 인구만이 아닌 서울에 직장을 두고 활동하는 인구까지 포함하는 개념이다. 이 책에서는 GTX를 비롯한 고속 철도망이 열어젖힐 메가-서울의 부상에 발맞춰 수도권 곳곳에서 투자할 만한 가치가 있는 지역단위 위주로 분석해보고자 한다.

서울에 투자하려면 도시계획부터 살펴라!

국토의 난개발을 막고 효율적인 도시개발 및 관리를 위해 계획을 세우고, 그 것에 맞게 단계적으로 개발하는 것을 '도시계획'이라고 한다. 서울을 비롯한 수 도권의 지자체장들은 5년 혹은 10년 주기로 '도시기본계획'을 수립한 후 이에 따라 개발해나간다.

〈시대별 서울도시기본계획〉

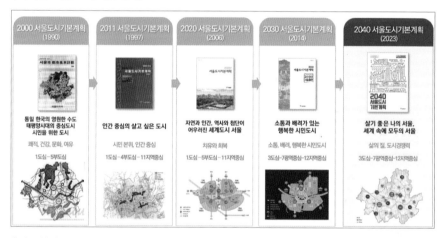

출처 : 서울연구데이터베이스

'서울도시기본계획'은 서울시의 지속 가능한 발전을 위한 정책 방향과 장기 적인 도시발전 계획의 틀을 제시하는 종합계획을 말한다. 1981년 도시기본계획 이 법정화된 이후, 서울시는 1990년, 1997년, 2006년, 2014년까지 총 4차례의 도시기본계획을 재정비해왔고, 2023년 1월에 '2040 도시기본계획'을 최종 확 정·공고했다.

서울은 세계 10대 도시에 들어가는 글로벌 메가시티의 중심이다. '슈퍼스타도시' 서울의 미래도시 윤곽을 어떻게 그려나갈지는 서울도시기본계획에 잘 나와 있다. 박원순 전 서울시장 당시인 2016년에 발표된 서울 '2030 도시플랜'을 살펴보면, 서울시 공간계획은 3도심(서울역·여의도·강남)을 중심으로 7대 광역거점(마곡·상암·가산대림·용산·잠실·청량리·창동·상계), 12대 지역거점(목동·신촌·연신내·마포공덕·봉천·사당·동대문·성수·미아·망우·천호·수서·문정)이 방사선형으로 뻗어나가는 구조에 있다.

오세훈 서울시장이 취임한 후 서울시는 2022년 12월에 '2040 서울도시기본계획'을 발표했다. '2040 서울도시기본계획'에서 가장 획기적인 내용은 '35층 룰 폐지'와 '비욘드 조닝'이라는 개념이었다.

〈서울시 중심지 체계〉

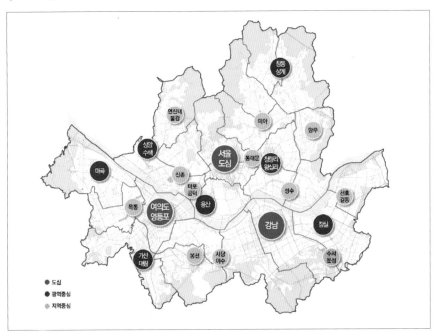

출처 : 2040 서울도시기본계획

35층 룰 폐지

박원순 전 서울시장은 '2030 서울도시기본계획'을 통해 서울시의 용도지역별로 높이 기준을 정해두었다. 즉, 초고층 건물이 조망권을 독점하는 것을 막고 주변 자연경관과 조화를 이루고자 한강 변에 위치한 주거용 건축물 층수를 일률적으로 35층 이하로만 적용했다. 하지만 오세훈 서울시장은 '2040 서울도시기본계획'을 통해 '35층 룰'을 폐지했다.

오세훈 서울시장 체제에서는 아파트에 대한 구체적인 층수는 개별 정비계획위원회의 심의에서 지역별로 다른 여건을 고려해서 정한다. 똑같은 모양의 15층 아파트가 일자로 늘어선 성냥갑 모양에서 탈피해 같은 단지 안에서도 층수를 다양하게 설계하도록 한다. 이로 인해 현재 한강 변과 접한 서울시의 재건축 단지들이 앞다투어 설계 변경을 통해 초고층 건립 추진안을 내놓고 있다.

여의도 시범 아파트는 2022년 11월 '최고 65층' 높이로 재건축하는 신통기획안이, 여의도 한양 아파트는 2023년 1월 '최고 54층' 높이로 재건축하는 신통기획안이 통과되었다. 은마 아파트도 '최고 높이 49층'으로 개발계획을 다시 잡고 있으며, 잠실주공 5단지도 '최고 70층' 높이로 재건축을 추진 중이다. 마치 "물 들어올 때 노 저어라"라는 말이 연상될 정도로 엄청난 붐이 일고 있다.

비욘드 조닝(Beyond Zoning)

도시계획의 기본 틀인 용도지역 체계를 전면 개편하는 내용도 포함되었다. 이른바 '비욘드 조닝(Beyond Zoning)'이란 개념이다.

용도지역이란, 동일 공간에서 기능이 중복되는 것을 막기 위해 땅의 용도를 주·상·공·녹 등으로 정하고, 그에 맞춰 높이나 용적률을 규제하는 제도다. 하지만 서울시는 그동안 용도지역이 경직적으로 운영되어 공간구성에 제약을 가져왔다고 보고, '비욘드 조닝' 개념을 도입해 주·상·공·녹 등 땅의 용도를 구분하지 않고 어떤 용도를 넣을지 자유롭게 정해 유연하고 복합적으로 개발할 수 있도록 한다는 방침이다. 이러한 계획의 최대 수혜지는 강남·여의도·용산·성수 등 주로 한강 변 재정비 사업장들이다.

Part 2

서울 편

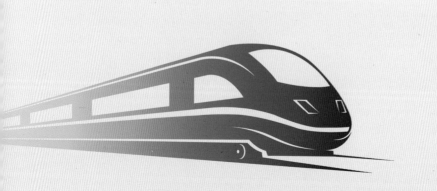

GTX 트라이앵글

삼성역 – 강남의 미래는 왜 삼성역일까?

〈영동대로 지하공간 복합개발 조감도〉

출처 : 서울시 홈페이지

　　삼성역은 테헤란대로와 영동대로가 만나는 교차점에 위치해 있다. 남쪽으로는 지하철 2호선이 종합운동장~선릉까지 이어져 있고, 북쪽으로는 지하철 9호선 봉은사역이 가로지르고 있다. 향후 삼성역은 GTX A, C노선과 KTX 동북부 연장선, 위례-신사선, 삼성-동탄 광역급행철도를 비롯한 80개 버스노선과 택시 환승시설이 설치되는 대한민국 최고의 교통요지로 탈바꿈한다.

국제교류복합지구와 GBC센터 건립

서울시는 이미 2014년부터 코엑스에서 잠실 운동장 일대 약 199만m²(60만평)를 '국제교류복합지구'로 지정해 중점적으로 개발하고 있다.

'국제교류복합지구'에 투입될 자금은 현대차의 GBC센터 건립비용 3조 원, 영동대로 통합역사 건립 1조 7,000억 원, 올림픽대로 지하화 및 한강 탄천 공원화 사업 수천여억 원 등을 다 합하면 대략 20조 원 이상의 단군 이래 최대 규모 프로젝트라고 할 수 있다.

영동대로 코엑스 사거리부터 삼성역사거리까지 약 597m에 달하는 이 구간에는 지하 7층 높이의 복합환승센터를 비롯해 지하철, 주차장, 상업시설 및 지상 광장 등이 입체적으로 조성된다. 삼성역 인근의 대형 개발 호재로는 현대차그룹이 약 1조 5,000억 원을 투입해 개발하는 GBC(Global Business Center)가 50층 3개 동으로 건립될 예정이다.

또한 삼성역과 봉은사역 사이 597m 구간은 프랑스 라데팡스 업무지구를 연상하는 대규모 지하복합 환승센터로 개발된다. 여기에는 연면적 16만m² 공간이 조성되고, 지하 1층에는 버스와 택시 정류장이, 지하 2, 3층에는 공공 및 상업시설, 지하 4층에는 통합대합실, 지하 5층에는 광역철도인 GTX B, C노선, 지하 6층에는 위례-신사선 경전철 등이 단계적으로 개통되어 운행될 예정이다.

2028년경 이후 이러한 지하철 노선들이 모두 완성될 경우, 삼성역은 강남역을 능가하는 강남 최고의 중심지로 변모할 가능성이 크다.

GTX A/C 등 광역복합환승센터

여기에는 이미 운행 중인 지하철 2·9호선을 비롯해 향후 개통 예정인 GTX A·C노선 및 위례신사선 등이 지나는 통합역사가 건설된다. 그 위층에는 도서관·박물관·전시장 등 공공시설과 대형서점·쇼핑몰 같은 상업시설 및 택시·버스 환승정류장이 만들어질 예정이다.

〈강남권 광역복합환승센터 조감도〉

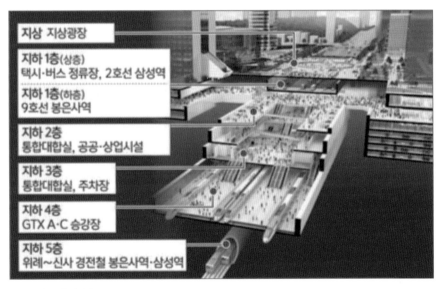

지상 지상광장

지하 1층(상층)
택시·버스 정류장, 2호선 삼성역

지하 1층(하층)
9호선 봉은사역

지하 2층
통합대합실, 공공·상업시설

지하 3층
통합대합실, 주차장

지하 4층
GTX A·C 승강장

지하 5층
위례~신사 경전철 봉은사역·삼성역

출처 : 서울시 홈페이지

서울시는 '국제교류복합지구'에 MICE(Meeting, Incentive, Convention, Entertainment : 국제회의, 전시컨벤션, 스포츠, 문화 엔터테인먼트)의 기능을 강화함으로써 전 세계인들이 찾는 비즈니스·관광 중심지로 육성한다는 계획하에 개발 중이다. 또한, 잠실 운동장과 현대차 부지에 국제 규모의 전시컨벤션 기능을 확충해서 도심형 MICE 클러스터가 되도록 지원한다.

현대차 부지에 연 27만 평 규모의 GBC(Global Business Center)를 건립해 국제 기구를 유치할 수 있는 공간을 확보할 계획이다. 현대차는 2014년 9월에 한전 부지를 10조 5,500억 원에 매입한 후 1조 7,000억 원 상당의 기여금을 추가 제 공해 용적률 250% 3종 일반주거지역을 용적률 800%인 상업지역으로 용도 변 경했다.

⟨'국제교류복합지구' 세부 위치⟩

출처 : 서울시 홈페이지

잠실 MICE 스포츠단지와 한강 수변공원

서울시는 잠실운동장 일대의 기존 체육시설을 2032년까지 대대적으로 리모델링해 국제스포츠 이벤트의 중심지 및 공연, 이벤트 장소로 명소화해서 대중문화산업의 메카로 복합화할 계획이다. 그리고 유스호스텔과 고급 호텔 등을 확충해 관광객들이 쇼핑, 역사, 관광 등을 즐길 수 있도록 할 방침이다.

또한 올림픽대로를 지하화하고 탄천변 주차장은 이전해서 녹지수변공간으로 만들고, 탄천과 한강에는 보행다리를 건설해서 코엑스 현대차 부지-탄천-잠실운동장-한강을 잇는 보행 네트워크를 조성해 관광과 여가, 휴식을 즐길 수 있도록 한다는 방침이다.

〈'잠실 스포츠·MICE 복합공간' 조감도〉

출처 : 서울시 홈페이지

라첼의 삼성역 임장노트

현재 삼성역 일대에는 대단위 아파트 단지가 없다. 아마 삼성역 GBC 개발과 잠실 MICE 개발의 최대 수혜는 잠실종합운동장 부근의 아파트들이 직접적인 수혜 대상이다. 리모델링 중인 잠실경기장 바로 옆에 있는 아시아선수촌 아파트와 우성 1·2·3차 아파트는 재건축 기대감이 크다.

잠실주공 1~4단지와 시영 아파트를 재건축해 2007~2008년경 입주한 잠실 엘리트(엘스·리센츠·트리지움)와 레이크팰리스(구 잠실주공 4단지) 및 파크리오 아파트 등이 직접적인 수혜를 받을 전망이다.

잠실주공 5단지는 유일한 재건축 대상 아파트로 개발 잠재력이 높다. 재건축 후 최고 70층 높이 3,930세대의 대단위 단지로 탈바꿈한다. 그 옆의 장미 1·2·3차 아파트는 최고 50층 높이로 재건축될 예정이다.

〈삼성역 및 잠실MICE 일대 관심아파트〉

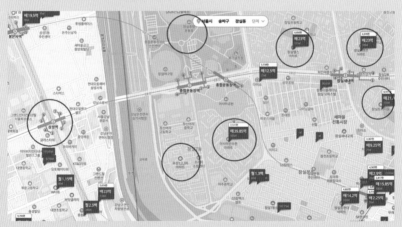

출처 : 네이버페이 부동산

TIP. 프랑스 라데팡스 신도시

파리 북서쪽에 위치한 라데팡스는 프랑스의 맨해튼이라고 불리는 유럽 최대의 업무단지다. 프랑스는 도시재생사업만으로는 수도 파리시의 급격한 인구 증가에 따른 주택부족을 감당하기 어렵게 되자 파리 도심에서 북서쪽으로 8km 떨어진 곳에 신도시를 건설했다.

1958년 정부·파리시·자치시 등으로 구성된 라데팡스 개발청(EPAD)을 설립했고, EPAD 주도하에 2007년까지 약 30여 년간 장기프로젝트로 체계적인 신도시 건설을 추진했다.

라데팡스는 크게 업무지구와 공원·주거단지로 구분되어 있다. 업무지구인 A Zone에는 약 30만 평의 상업지구에 1,500개의 기업, 15만여 명의 직원이 일하고 있다. 주거 및 공원 지역인 B Zone에는 약 2만 명이 거주 중이다.

라데팡스는 녹지공간으로 조성된 지상과 도로·철도·주차장이 조성된 지하로 분리된 거대한 복층도시다. 프랑스는 760만㎡에 이르는 광활한 부지에 사업비 2조 5,700억 원을 투입한 복합환승센터를 지어, 고속철도(TGV)와 교외철도(RER) A선, 지하철 메트로 1번 선을 비롯해서 버스 18개 노선이 지하 복층 공간을 지나도록 했다. 복합환승센터 안에는 전시·회의실 공간을 마련하고, 인근 쇼핑센터와 전시관 등을 연결하는 통로도 설치해 상업·문화 기능을 끌어올렸다.

〈프랑스 라데팡스 전경〉

출처 : 〈도안뉴스〉

라데팡스는 2007년 준공 이후 인구가 11%가량 늘어나고 일자리도 1만 개 이상 생겨났다. 연간 관광객만 800만 명 이상으로 매년 7억 유로 이상의 관광 수입을 올리고 있다.

▶ 라데팡스로부터 얻는 Key Point

1. 신도시를 '베드타운'이 아닌 일자리 위주의 '자족도시'로 개발

2. 전통이 살아 있는 구심과 현대적인 신도시를 일직선으로 잇는 '역사적 상징거리' 조성

3. '복층도시' 구현 : 지하에는 도로·지하철 교통망이, 지상에는 녹지와 보행 공간

4. 버스·지하철·철도 등을 한곳에 통합한 대중교통환승체계 구현

5. 예술 조각품들과 문화예술공간이 어우러진 '문화도시' 이미지 구현

서울역 - 북부역세권 사업을 주목할 것!

2040 서울도시기본계획에서는 서울역과 용산, 여의도로 이어지는 도시공간을 세계 명품도시로 비상하기 위한 서울 도심의 중심축이자 국제경쟁력 강화를 위한 국가 중심축으로 개발할 예정이다.

〈서울 미래도심 육성〉

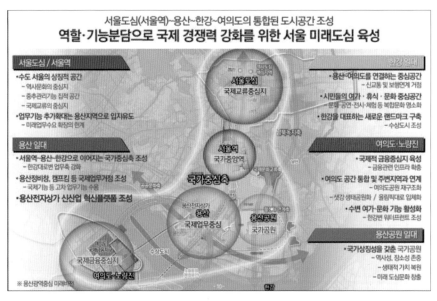

출처 : 2040 서울도시기본계획

서울역은 현재 지하철 1호선, 4호선, 경의중앙선, 인천공항철도, ITX, KTX 등 여러 노선이 환승되는 철도교통의 요지로, 향후 GTX A, B, 신분당선, 신안산선 등 수도권 광역급행철도들까지 단계적으로 개통될 예정이다.

서울역에는 지하 5층 규모의 광역복합환승센터가 들어서는데, 지하 3~4층에는 철도 노선들이, 지하 1층에는 쇼핑몰과 버스·택시 환승센터가 배치된다.

서울역 개발계획은 북부역·남부역·중앙역 순으로 개발될 예정인데, 가장 먼저 서울역 북부역세권 개발이 진행될 예정이다.

서울역 북부역세권 개발은 한화건설이 시공사로 서울역 북부 주차장과 영천교 인근의 코레일 소유 5만 5,535㎡ 부지를 개발하는 사업인데, 이곳에 호텔 2동 및 오피스텔·오피스·레지던스 등이 들어올 예정이다.

〈서울역 북부역세권 개발 대상지 조감도〉

출처 : 한화건설

서울역 북부역세권 개발 사업이 완료되면 서소문 역사공원, 쇼핑시설과 함께 조화를 이룰 것이다. 남대문시장 일대는 도시환경정비사업을 통해 주상복합시설로 개발될 예정이며, 서울역 고가도로는 2017년에 공원화하며 '서울로 7017'로 재탄생했다.

서울시는 서울역 북부역세권 사업이 완료되어 국제교류단지가 조성될 경우, '서울로7017'을 통해 남산~용산공원까지 녹색보행로로 이을 예정이다.

TIP. 하이라인 공원과 '서울7017' 프로젝트

'하이라인' 공원은 뉴욕의 대표적인 도시 재생프로젝트다. '하이라인' 공원은 뉴욕의 도시 현대화와 경제 성장, 산업 시대를 상징하던 고가철로를 시민들이 산책할 수 있는 공중정원으로 만든 프로젝트다. 1934년에 만들어진 총길이 21km의 하이라인 철도는 첨단산업화에 따른 물류 지형이 바뀌면서 철로의 기능이 사라져 1990년대 초반 철거 위기에 몰린다.

그러나 1999년 '하이라인의 친구들'이라는 시민운동가들의 모임이 프랑스 파리의 '프롬나드 플랑테'라는 공중공원 등에서 영감을 받아 철도고가를 공중공원으로 탈바꿈하는 시민운동에 착수한다. 이러한 시민운동의 결과로 후원금이 몰려들었고, 결국 하이라인은 수십 년 동안 방치된 폐철로에서 시민공원으로 재탄생하게 이른다.

'서울7017'도 박원순 전 서울시장이 하이라인 공원을 벤치마킹해서 만든 공중산책로다. 1970년경 만들어진 서울역 고가도로가 철거 위기에 놓이자 박 전 시장은 하이라인 공원을 모티브로 공중산책로를 재단장했다.

〈뉴욕 하이라인 파크(좌) · 서울로 7017(우)〉

출처 : 〈한국일보〉

TIP. 영국 '킹스크로스' 역세권 재개발 프로젝트

• •

영국 런던 중심부에서 북쪽으로 3km 정도 떨어진 '킹스크로스(King's Cross)'역은 지하철 6개 노선과 런던 교외로 나가는 기차가 정차하는 교통 플랫폼의 중심지다. 또한 '킹스 크로스'역과 지하로 이어지는 '세인트 판크라스'역에서는 유럽 대륙으로 향하는 고속철도가 출발한다. 향후 유럽 대륙행 고속열차가 개통되면 프랑스 남부까지는 6시간, 독일 프랑크푸르트까지는 불과 5시간이면 갈 수 있게 되는 영국 철도교통의 결절점이다.

〈킹스크로스역 위치〉

출처 : 구글 지도

킹스크로스역 일대는 1800년대 산업혁명 당시만 해도 유럽의 교통·산업 중심지로 번창했지만, 런던 도심부 개발이 가속화되면서 중심지 개발에서 밀려났고, 제조·물류업을 기반으로 했던 인근 산업들이 쇠퇴해가자 킹스크로스역과 세인트 판크라스역 사이의 약 25만㎡ 부지는 버려진 땅이 되었다. 이후 주변 건물들은 점차 노후화되고 빈민들이 몰려들어 슬럼화되기 시작했다.

1996년 세인트 판크라스역에 유럽대륙행 고속열차(LCR) 종착역이 들어서기로 확정되자, 노숙자로 넘쳐나던 킹스크로스역 재생 사업이 본격적으로 추진되기 시작했다. 런던&콘티넨털 철도(LCR)를 비롯해 민간 개발회사 아젠트(Argent) 및 지역주민들이 협의해 총 6년간에 걸친 마스터플랜 끝에 2008년부터 개발을 시작했다. 주목할 점은 단순히 기존 건물을 전부 철거하기보다 보존할 가치가 있는 역사적 건물은 그대로 둔 채 새로 짓는 건축물들과 조화를 이루는 방식으로 도심 재생 사업을 추진했다는 것이다.

예를 들어, 물품 상·하차장으로 쓰이던 '그래너리' 빌딩은 리모델링된 이후에 영국 최고 예술대학인 런던예술대학교(UAL) 센트럴 세인트 마틴캠퍼스가 이전해왔고, 특히 지상 11층 건물인 '랜드스크래퍼'에 글로벌 기업인 '구글' 영국 본사가 입주하면서 관광객들이 몰려드는 랜드마크로 거듭나고 있다.

〈랜드스크래퍼 전경〉

출처 : 구글 이미지

향후 킹스크로스 역세권 재개발 사업이 완료되면 총 1,700세대의 일반 주거단지, 학생 주거단지 650개, 오피스 50개 동을 비롯해 각종 커뮤니티·레저시설 등이 들어서게 된다.

1852년 건축된 킹스크로스역 건물의 외벽은 19세기의 건축 양식을 대표하는 문화유산으로 등재될 만큼 그 역사적 가치를 인정받고 있다. 한때 노숙자로 넘쳐나던 킹스크로스역의 역세권 재개발 사업은 교통과 문화의 중심지로, 그리고 젊은이의 성지로 되살아나게 된다.

청량리역 - 서울 동북권 환승거점

1911년에 경원선으로 업무를 시작한 청량리역은 1939년 중앙선과 경춘선이 연결되고, 해방 후에는 지하철과 도시 철도망도 소화하면서 서울에서 교통의 요지 중 요지였다.

현재 청량리역은 지하철 1호선, 경의중앙선, 경춘선, 경원선, KTX경강선, 수인분당선 환승역으로서 향후 GTX B, C노선 및 경전철 면목선과 강북횡단선, 동북선 등 모든 철도망이 완성될 경우, 무려 11개 노선이 지나게 될 동북권 철도교통의 핵심 요지가 된다.

〈11개 철도노선이 지나는 동북권 교통 허브 '청량리역'〉

출처 : 리얼캐스트

청량리역사는 주상복합(롯데캐슬 SKY-L65)과 백화점·오피스·호텔 등이 함께 지어진 복합환승센터로 개발되어 미국 샌프란시스코의 '세일즈포스 환승센터'처럼 동북권의 랜드마크로 거듭날 것이다.

청량리역 일대에서 현재 가장 인기 있는 3대장은 역사와 붙어 있는 롯데캐슬 SKY-L65(2023년 7월, 65층), 한양수자인 그라시엘(2023년 5월, 59층), 해링턴 플레이스(2023년 2월, 40층)를 들 수 있다. '롯데캐슬 SKY-L65'는 청량리 4구역을, '해링턴플레이스'는 청량리 3구역을 재개발한 주상복합이고, '한양수자인 그라시엘'은 59층 총 1152세대 주상복합으로 이들 3개 단지만 총 2,800가구 규모다.

현재 청량리역 부근에는 갖가지 교통 호재와 맞물려 대규모 도시정비사업도 활발히 진행 중이다. 청량리 6~8구역과 제기 4구역, 제기 6구역, 전농 9구역 등 재개발 사업이 활발히 진행 중이다.

〈롯데캐슬 SKY-L65조감도〉

출처 : 롯데건설

〈효성 해링턴플레이스 조감도〉

출처 : 효성건설

〈한양수자인 그라시엘〉

출처 : (주)한양 홈페이지

〈청량리역 일대 정비사업장〉

출처 : 〈매일경제신문〉

가장 주목받는 사업장으로는 1978년에 준공된 총 8개 동 1,089세대 규모의 미주 아파트가 있다. 미주 아파트는 청량리역 바로 앞에 위치한 입지적 장점으로 재건축 사업이 완료될 경우, 총 10개 동 1,370세대 규모의 아파트로 환골탈태해 강북권의 대장 아파트가 될 것이다.

개인적으로 청량리 미주 아파트는 필자의 아버지가 1985년에 서울에 상경해서 첫 구입했던 아파트라 개인적인 감회가 남다르다. 당시 미주 아파트는 청량리 역세권의 강북권 대장 아파트였는데, 1988년 당시 아버님이 사업 실패로 3,200만 원 정도에 매도했던 것으로 기억한다. 약 36년이 경과한 지금은 시세가 무려 16억 원이 넘는다.

TIP. 샌프란시스코 '세일즈포스' 환승센터

11개 역이 교차할 청량리역은 과연 어떤 식으로 개발이 될까? 참고할 만한 해외 사례로 샌프란시스코 '세일즈포스' 환승센터가 있다.

샌프란시스코의 '세일즈포스' 환승센터는 도로 상부를 활용해 환승체계를 개선하고 지역민을 위한 복합 커뮤니티 공간을 조성한 사례로 도로 입체개발의 좋은 사례로 꼽힌다. 1989년 샌프란시스코 강진으로 미 전역과 샌프란시스코만 일대를 연결해주는 교통요충지 '트랜스베이 환승센터'가 무너지자, 시 당국은 약 23억 달러(2.8조 원)를 투입해 2017년 신규 환승센터를 짓게 된다.

세일즈포스 환승센터 옥상에는 세일즈포스 파크(SalesForce Park)라는 대규모 공중정원이 있다. 지상 20m 위에 설치된 너비 50m, 길이 440m로 총 연면적이 22,000㎡의 초대형 공중정원이다.

한남IC~양재IC 경부고속도로 지하화사업이 구체화된다면, 상부공간 녹지공원 조성시 이 사례를 벤치마킹하면 될 것으로 보인다.

〈세일즈포스 환승센터〉

출처 : 〈Forbes〉

GTX 황금거점

용산역 – 용산, 과연 용처럼 비상할까?

용의 형상을 닮았다고 해서 이름 붙여진 용산은 역사적으로 한반도에 진주했던 외국 세력들이 가장 먼저 눈여겨보며 주로 병참기지로 쓰이는 불운의 역사를 겪어왔다. 고려시대에는 몽골군이 일본 정벌을 위한 병참기지로 활용했고, 조선시대 말에 임오군란이 발발하자 청나라 군대가 주둔했으며, 한·일 합방 후에는 일제가 러시아 등 대륙 침략을 위한 군사기지 역할로 활용했다. 1945년 해방 이후부터 6·25 전쟁을 겪고, 오늘날까지 미군이 주둔기지로 계속 사용 중인 불편한 역사적 현장을 담은 공간이다.

용산에는 지하철 1호선·4호선, 경의중앙선을 비롯해 KTX가 운행 중이며, GTX B노선과 신분당선까지 개통되면 사통팔달의 교통요지가 된다.

용산 인근에는 용산가족공원과 효창공원, 국립중앙박물관 등 각종 문화시설이 풍부하고, 용산역에는 백화점·이마트·면세점 등이 있는 아이파크몰이 있다. 향후 용산에는 어떤 호재가 예정되어 있을까? 대략 6가지 정도로 정리해보자.

호재 1 – 용산 국제업무지구 개발 사업

첫째, 용산정비창에는 용산 국제업무지구 개발 사업이 진행 중이다. 용산 국제업무지구 개발은 2007년경 처음 계획되었는데, 당시 서울시는 용산정비창과 서부이촌동 일대를 포함한 총 518,692m²의 면적에 111층 높이의 트리플 원을 비롯한 초고층 빌딩 23개와 복합문화시설 등을 건설해 동북아 비즈니스 허브로 육성할 계획이었다.

〈용산국제업무지구 조성 조감도〉

출처 : 서울시 홈페이지

총 31조 원이라는 어마어마한 사업비가 투입될 예정이었기에 단군 이래 최대 개발프로젝트로 불렸다. 최근 미국 뉴욕 '허드슨야드 프로젝트'의 사업 규모가 30조 원 정도라는 점에 비춰볼 때, 당시 용산 국제업무지구 개발 사업은 천문학적인 자금이 소요되는 대한민국 최대 프로젝트였다.

하지만 2008년 서브프라임 사태가 터지며 국내 건설경기가 악화되자 결국 2013년경 사업이 백지화되었다. 당시 용산 국제업무 개발 사업 시행자였던 '드림허브'는 52억 원의 이자를 내지 못하며 최종 부도처리되었고, 이후 코레일 측과 지리한 소송 공방전이 계속되었다.

2018년에 박원순 전 서울시장이 '용산·여의도 개발마스터플랜'을 발표하자 용산은 다시 부동산 업계의 주목을 받았다. 당시 박 시장은 용산과 서울역 철도 구간을 지하화해 회의·관광·전시시설과 쇼핑센터를 건립할 계획이었다.

오세훈 서울시장은 2022년 7월에 '용산정비창 마스터플랜'을 발표했는데, 그 주된 요지는 용산정비창 부지를 일자리와 주거생활, 여가 및 문화가 가능한 '직주혼합도시'로 조성해 글로벌 IT기업들이 모이는 '아시아판 실리콘 밸리'로 개발한다는 것이다. 이를 위해 용산 업무지구를 '비욘드 조닝' 사업 대상지로 지정, 법적 용적률 상한선인 1,500%를 뛰어넘는 초고밀 개발을 추진할 방침이다.

〈용산 '모빌리티 허브조성' 구상(좌) 및 개념(우)〉

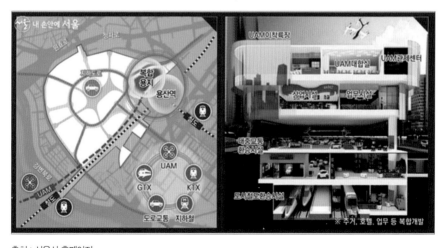

출처 : 서울시 홈페이지

호재 2 – 용산 민족공원 조성사업

1990년대 들어와 한·미 양국은 용산기지 이전을 위한 기본합의서를 체결한 이후 평택으로의 미군기지 이전작업을 개시했지만, 현재 약 10% 정도만 용지가 반환된 상태로 이전작업이 상당히 더디게 이루어지고 있다. 미군 입장에서도 서울 최고의 요지인 용산에 터를 잡아왔는데, 쉽게 내어주기는 아까워하는 속내다.

향후 미군기지가 일정대로 반환될 경우, 정부는 용산기지 중 일부를 녹지 및 문화·스포츠 시설과 용산 민족공원 등으로 단장할 예정이다. 용산 민족공원은 부지 규모만 총 3,030,000㎡로 뉴욕 센트럴파크(3,410,000㎡)와 비슷하다.

〈'용산민족공원' 개발예정 부지〉

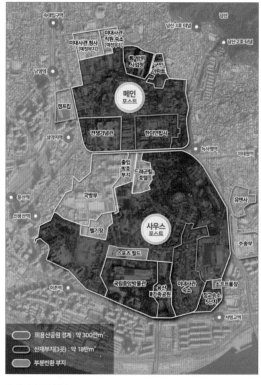

출처 : 국토교통부

용산 민족공원 조성사업은 공원 조성 비용만 2조 원 이상 소요되고, 기간도 최소 10년은 걸리겠지만, 계획대로 진행된다면 용산은 서울에서 강남 못지 않은 최고의 슈퍼리치 벨트가 될 것으로 보인다.

호재 3 - GTX B 노선 및 신분당선 개통

현재 용산에는 지하철 1·4·6호선·공항철도·경의중앙선 및 KTX 철도 등이 모두 운행된다. 향후 수년 내 GTX B노선과 신분당선이 단계적으로 개통될 경우, 여의도·강남 업무지구 및 송도·판교·용인·동탄 등 수도권 어느 지역이든 30분 이내 이동이 가능하게 된다. 이는 강남·여의도·광화문 못지않은 대기업 본사들의 소재지가 될 수 있는 최고의 잠재력을 가진 입지라고 볼 수 있다.

〈신분당선 북부연장 노선도〉

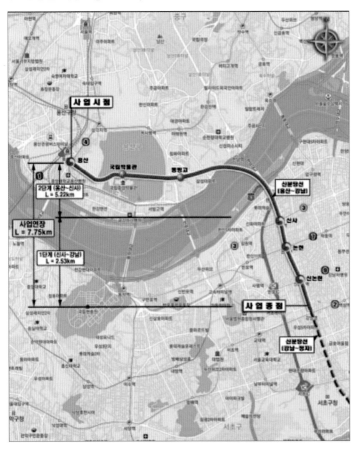

출처 : 국토교통부

호재 4 - 용산전자상가 메타밸리 조성사업

용산전자상가는 한때 전자제품의 성지로 명성을 날렸으나 인터넷 쇼핑에 밀려 지금은 공실률이 극심한 상태다. 서울시는 선인·나진·원효상가와 전자랜드를 중심으로 청년창업 메카 '메타밸리'라는 신산업 창업단지를 구축하고, 주변의 대규모 주차장 부지를 창업·주거복합시설로 개발할 계획이다.

〈용산전자상가 Y메타밸리 조성사업〉

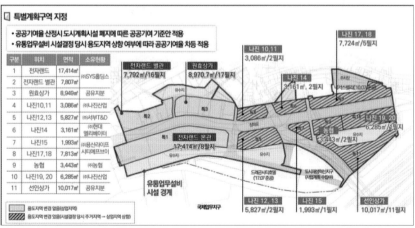

출처 : 2040 서울도시기본계획

호재 5 – 한남뉴타운 재개발

한남뉴타운은 용산구 한남동·보광동·이태원동·동빙고동 일대를 재개발하는 사업으로, 2003년 뉴타운으로 지정된 후 5개 구역으로 나뉘어 정비사업이 진행 중에 있다(1구역은 2017년 정비사업 해제). 이 중에 한남 2구역은 초역세권이라는 점에서, 한남 3, 4, 5구역은 한강 조망이 가능하다는 면에서 인기가 높다.

〈한남뉴타운 재개발〉

출처 : 땅집고

2구역은 이태원 옆이라 상권도 활성화되어 있고, 역세권이라 가장 인기가 많은 단지다. 현재 정비사업 진행단계는 사업시행인가까지 완료된 상태로 총 1,537세대 규모로 공급될 예정이다.

3구역은 한남뉴타운 최대 재개발 사업장 중 최대 규모인 5,816세대의 대단지다. 현대건설이 시공사로 선정되었다. 3구역은 최대 규모 사업장이지만 추진 속도가 가장 빠른데, 2019년 3월에 사업시행인가를 받았고 현재는 관리처분인가를 준비 중이다.

4구역은 2,394세대로 2015년 1월에 조합설립인가까지 마친 단계다. 50% 이상의 세대가 한강 조망권을 확보할 수 있다는 게 장점이다.

5구역은 총 2,660세대로, 경의중앙선 서빙고역이 바로 옆에 있고 향후 신분당선 동빙고역까지 개통될 경우, 초역세권 단지가 된다. 평지에 재건축이 가능하기에 한강 조망이 가능한 고층 재건축이 실현된다면 한남뉴타운의 랜드마크 단지가 될 가능성이 있다. 사업추진단계는 조합설립인가까지 마친 상태다.

한남뉴타운은 향후 용산 국제업무지구 및 용산 민족공원 개발, 신분당선 개통 등 각종 호재로 강북에서 강남 집값을 뛰어넘을 가장 유력한 후보지다.

라첼의 용산 임장노트

용산 일대는 이미 대한민국 최고의 슈퍼리치 벨트로 불리는 투자 1순위 지역이다. 투자 여력만 된다면 한강 조망이 가능한 한남뉴타운과 동부이촌동 일대 재건축·리모델링 아파트들이 우선순위일 것이다. 그다음 이태원 역세권인 한남 1구역 밑의 청화 아파트도 재건축 호재를 안고 있어 투자 가치는 높아 보인다. 다만 서부이촌동 일대는 차 한 대 지나다니기 힘든 골목길과 벌집처럼 빽빽한 빌라와 단독주택 등으로 가득 차 있다는 점 등을 감안할 때 단기간 내에 재개발되기는 요원해 보인다.

투자 TIP. 재건축 VS 재개발

• •

600년 된 서울은 마곡지구를 끝으로 더 이상 대규모의 주택을 공급할 만한 가용용지가 절대적으로 부족하다. 주택보급률을 높이든가, 아니면 낙후된 구도심인 서울을 재건축과 재개발 등 도시정비사업 위주로 신규 주택 물량을 공급해야 한다.

재건축이나 재개발 사업은 모두 '도시 및 주거환경정비법'에 의거해 진행되는 사업의 일종이다. 이 법은 도시기능의 회복이 필요하거나 주거환경이 불량한 지역을 계획적으로 정비하고 노후·불량건축물을 효율적으로 개량하기 위해 2002년 12월 30일에 처음 제정되었다. 이러한 정비 사업은 크게 1) 주거환경개선 사업, 2) 재개발 사업, 3) 재건축 사업으로 나눌 수 있다.

주거환경개선 사업은 정비기반시설이 열악한 노후 불량건축물이 밀집한 지역에서 주거환경을 개선하기 위해 시행하는 정비 사업이다.

재개발 사업은 주거환경이 열악하고 낙후되어 기반시설이 열악한 지역의 주택들을 전부 철거해서 새로 정비하고 주택을 신축해서 주거환경을 재정비하는 방식이다. 또한 재개발은 재건축에서 요구하는 안전진단 절차가 따로 필요 없고, 일정 요건만 충족되면 지자체에서 정비구역을 지정해 진행하거나 토지 소유자들이 입안을 제안해 진행할 수 있다. 재개발은 토지 등 소유자 75% 이상의 동의와 토지 면적 50% 이상이 동의해야 조합을 설립할 수 있다.

정비 사업의 종류(도시 및 주거환경 정비법)

구분	내용
주거환경정비법	도시저소득주민이 집단적으로 거주하는 지역 정비기반시설이 극히 열악, 노후 불량 건축물이 과도하게 밀집 주거환경 보전, 정비, 개량하기 위한 사업
재개발 사업	정비기반시설이 열악, 노후 불량 건축물 밀집지역 주거환경(주거지역)이나 도시환경(상업, 공업지역) 개선
재건축 사업	정비기반시설 양호, 노후 공동주택 밀집 지역 주거환경 개선

재건축 사업은 기반시설이 양호한 지역이 있는 노후, 불량주택을 철거하고 그 철거한 대지 위에 새로운 주택을 건설하는 방식이다. 재건축은 토지 등 소유자 75%의 동의를 받고 동별로 과반수 이상의 동의를 얻어야 한다. 일반적으로 반포·압구정 등 강남권의 노후 아파트는 기반시설이 양호한 지역에 위치하기 때문에 재건축이 진행된다. 하지만 아파트라도 재개발이 진행되는 지역에 위치할 경우, 재개발 방식으로 사업이 이루어질 수도 있다.

재개발은 건물과 토지, 지상권 중 하나만 소유해도 조합원 자격을 주지만, 재건축은 건물과 토지를 모두 소유해야만 한다. 또한 재개발과 달리 재건축은 '재건축초과이익환수제' 적용을 받고, 해당 건축물에 대한 안전진단이 선행되어야 한다.

안전진단은 건축물이 30년 이상 되어야만 신청 자체가 가능한데, 해당 주택의 구조 안정성, 주거 환경, 비용편익, 설비 노후도 등을 종합적으로 판단해 A~E등급으로 나뉜다. A~C등급은 건축물 상태가 양호해 재건축이 불가능하며 D~E등급만 재건축이 가능하다.

E등급은 당연히 재건축 확정이다. D등급은 2차 정밀안전진단을 한번 더 실시해야 하고 여기서 통과될 경우, 재건축이 가능하다. 다만, 2024년 1월 중에 '노후계획도시 특별법'이 시행될 경우, 일산, 분당 등 1기 신도시들은 안전진단 없이도 재건축 착수가 가능해질 것으로 보인다.

통상적으로 재개발은 관리처분인가 이후에는 조합원 지위의 양도가 금지되고, 재건축은 조합설립 이후 조합원 지위 양도가 금지된다. 재건축·재개발은 길고도 긴 정비 절차에 따라 이루어지게 되기에 보통 10년 이상 걸릴 수 있다.

재건축 사업 진행 절차

출처 : 〈뉴스핌〉

신통기획

일명 '신통기획(신속통합기획)'은 오세훈 서울시장의 주요 정비사업 정책 중 하나다. 서울시는 요건만 충족되면 곧바로 재개발·재건축에 나설 수 있도록 '신속통합기획' 절차를 진행하고 있다. '신통기획'은 정비계획 수립단계에서 서울시가 공공성과 사업성 간 균형을 이룬 가이드라인을 제시하고 신속한 사업추진을 유도하는 공공지원계획이다.

'신통기획'의 장점은 3가지 정도로 요약해볼 수 있다.

첫째, 유연한 도시계획 기준을 적용한다. 둘째, 아파트 최고 높이 35층과 한강 변 첫 주동 15층 규제를 지역 특성에 따라 운영한다. 셋째, 정비사업 추진 시 층수 규제를 유연하게 적용한다.

현재 '신통기획'은 2021년 9월 도입 이후, 2023년 9월 기준 89개 구역(재개발 65, 재건축 24) 사업장에서 추진 중이며, 이 중 52개 구역(재개발 35, 재건축 17)은 완료되었다.

출처 : 서울시 홈페이지

호재 6 – 동부 이촌동 재정비사업

동부이촌동은 1967년 당시 김현옥 서울시장의 한강 변 개발계획에 따라 매립공사를 시작하면서 신흥 아파트촌으로 바뀐 곳이다. 이촌동의 아파트들은 남향 방면 한강 조망이 가능하고 남산과 용산가족공원, 중앙박물관 등으로 둘러싸인 전형적인 부촌이다.

최근 동부이촌동 단지들은 재건축·리모델링 방식으로 새 아파트로 변신을 시도하면서 과거 전통 부촌 명성 되찾기에 나서고 있다.

동부이촌동에서 이촌역과 가까이 있는 단지들은 주로 리모델링을, 한강 변의 한강맨션·한강삼익·왕궁맨션 등은 재건축을 추진 중이다.

〈동부이촌동 재건축·리모델링 추진단지〉

출처 : kb 국민은행

리모델링 사업장 중 현대맨션이 사업속도가 가장 빠른데, 시공사는 롯데건설로 현재 이주까지 마치고 해체 중이다. 코오롱은 2022년 3월 삼성물산을 시공사로 선정했고, 우성 아파트는 2022년 5월 리모델링 조합설립인가를 받았다. 옆 단지 한강대우도 리모델링을 추진 중이다.

재건축 추진단지 중 가장 인기 있는 대장 아파트는 한강맨션(1971년, 660세대)으로 대지 지분이 높은 저층단지다. 한강맨션은 2017년 6월 재건축 조합이 설립된 후 2022년 1월 시공사로 GS건설을 선정했고, 2022년 11월 말에는 관리처분계획인가까지 난 상태다.

한강맨션은 재건축 완료 시 지상 35층 총 15개 동 1,441가구의 고급 아파트로 재탄생한다. 2023년 4월 용산구청에 최고층수 68층으로 설계한 정비계획 변경안을 신청했다.

현재 이촌동에서 가장 높은 아파트는 56층 높이의 래미안첼리투스 아파트인데, 한강맨션 조합은 용산구청에 2023년 4월 최고층수 68층으로 변경한 정비계획안을 신청한 상태다. 참고로 래미안첼리투스 아파트는 2009년 오세훈 시장 당시 '재건축 부지 25% 이상을 기부채납'하는 조건으로 50층 이상 아파트로 건축허가가 났다.

이후 박원순 서울시장이 부임하고 2014년에 서울 2030 서울도시기본계획을 발표하면서 제3종 일반주거지역은 '35층' 이하로만 짓도록 허용하게 되자, 이전에 사업인가를 미리 받은 '래미안첼리투스' 아파트는 예외 적용을 받아 현재 동부이촌동 일대에서 가장 높은 아파트로 인기를 누리게 되었다.

한강삼익은 1979년 입주한 2개 동 252세대 아파트로 12층 높이라 사업성은 한강맨션에 비해 상대적으로 낮은 편이다. 현재 사업추진 단계는 사업시행인가까지 받았고 관리처분계획인가 승인을 준비 중이다. 최고층을 35층으로 조성하는 계획을 추진 중이다.

반도 아파트는 199세대의 소규모 아파트로, 2023년 11월에 정밀안전진단을 통과해 용산구청으로부터 재건축 최종확정통보를 받았다. 바로 옆에 '래미안첼리투스' 아파트가 위치해 있어 반도 아파트 재건축 완료 시 한강변 일대 스카이라인이 완전히 새롭게 변할 전망이다.

왕궁맨션은 1974년에 입주한 총 5개 동 250세대의 소규모 아파트로, 처음에는 공공재건축으로 사업을 진행하려 2023년 3월 이 계획을 포기하고 민간 재건축으로 선회, 용적률을 260~270%로 올리는 방향으로 정비계획 변경을 준비 중이다.

다만, 최근 정부가 '노후계획도시 특별법' 등을 통해 30년만 지나면 안전진단 없이 재건축을 추진하도록 해주고 용적률 규제도 대폭 완화할 움직임을 보이면서 수도권 내 주요 재정비사업장에서도 상당한 변화가 일고 있다. 결론적으로, 동부이촌동 재정비사업장 내 기존에 리모델링을 추진 또는 확정한 단지들도 정부의 재건축 지원책에 따라 리모델링과 재건축의 실익을 분석해 재건축으로 선회할 가능성도 있다고 보여진다.

투자 TIP. 재건축 VS 리모델링

재개발·재건축은 해당 지역 내 모든 건물을 철거하고 새로 짓는 방식이라면, 리모델링은 이미 있는 아파트의 기본 골조만 내버려둔 상태에서 건축하는 기법이다. 재개발·재건축은 '도시 및 주거환경정비법'이 적용되는 반면 리모델링은 '주택법'이 적용된다.

재건축		리모델링
도시 및 주거환경 정비법	적용 법령	주택법
준공 후 30년 이상	연한	준공 후 15년 이상
D등급 이하	안전진단	B 등급, C등급 이상
제한 없음	세대면적 증가	제한 있음
제한 없음	세대수 증가	기존 세대수의 15%까지
75% 이상	동의율	66.7%
있음	초과이익환수	이상 없음

재건축은 준공 후 30년이 지나야 안전진단 신청이 가능해지나, 리모델링은 15년만 지나면 안전진단 신청이 가능하다. 안전진단 면에서도 재건축은 D, E등급만 가능하나, 리모델링은 B, C등급도 가능하다.

재건축은 조합설립인가를 위한 동의율이 75%(3/4)인 데 반해 리모델링은 67%(2/3)만 있으면 가능하다. 사업 기간도 리모델링은 통상 재건축의 사업 기간의 1/3 정도면 가능하다는 장점이 있다.

다만 리모델링의 단점은 내력벽을 철거할 수 없기에 재건축 아파트에서 유행하는 4bay 스타일의 구조는 거의 불가능하고 타워형으로 구조를 설계할 수밖에 없다.

재건축은 사업성이 나올 경우, 일반분양분이 많은 세대가 나올 수 있고 이 수익만으로도 아파트 건축 사업비를 충당할 수 있어 조합원들의 추가 분담금이 훨씬 줄어들 수 있다. 반면 리모델링은 세대수의 최대 15%까지만 일반분양이 가능하니 사업비 대부분을 조합원들이 충당해야 한다. 서울시 조례에 따르면, 3종주거지역의 최대 용적률은 250%이기에 이미 용적률이 250%로 지어진 아파트는 재건축으로 더 많은 세대수를 짓기가 힘들어진다.

TIP. 뉴욕시 '허드슨 야드 프로젝트'란?

• •

미국 뉴욕시 맨해튼 서쪽 30~34가에 위치한 철도차량기지에는 2012~2025년까지 대규모 도심 리모델링 사업이 진행 중이다.

'허드슨 야드 프로젝트'는 총 연면적 약 168만㎡에 이르는 맨해튼 철도차량기지 부지에다 미국 역사상 최대 규모인 250억 달러(한화 약 30조 원)를 투입해 대규모 오피스·쇼핑몰·주거시설·문화 시설·호텔 및 공원 등으로 고밀 복합개발하는 사업이다. 총 개발면적만 3만 4,000평에 이르는 초대형 프로젝트인지라 2단계로 각각 나뉘어 공사가 진행 중이다. 마치 우리나라의 용산정비창을 재개발하는 '용산 국제업무지구' 개발 프로젝트와 매우 유사하다.

1단계인 동쪽 구간 110만㎡는 2019년에 개발이 끝났고, 2단계 서쪽 구간 58만㎡ 개발은 원래 2024년까지 완공할 예정이었으나 코로나 사태로 연기되었다. 프로젝트 완공 시 총 16개의 초고층 타워형 건물과 고급 아파트 및 광장, 호텔, 쇼핑센터, 공연예술센터 등이 들어설 예정이다.

세부 건축물로는 10, 15, 30, 50, 55 허드슨 야드 타워들과 전망대 베슬(Vessel), 문화 공연장인 더 쉐드(The Shed) 등으로 구성되어 있다.

맨해튼 서쪽에서 가장 높은 건물인 '30 허드슨 야드 빌딩'에는 이미 CNN·Time Warner·블랙록·로레알 등 세계적 기업들이 입주했고, 대형 로펌과 투자 자문사 등이 입주를 대기 중이다. 이 건물 상단부에 설치된 '더 엣지' 전망대는 관람객들에게 인기가 높은 명소다. 삼각형 모양의 돌출부에 설 경우, 바닥이 유리로 되어 있어 약 300m 상공에 붕 떠 있는 듯한 느낌이 든다고 한다.

〈허드슨 야드 프로젝트〉

출처 : 〈파이낸셜 타임스〉

〈The Edge(더 엣지) 전망대〉

출처 : 〈롯데호텔 매거진〉

〈The Vessel(더 베슬)〉

출처 : 〈파이낸셜 타임스〉

허드슨 야드의 또 다른 랜드마크는 '더 베슬'(The Vessel)이라는 2,200억 원짜리 조형물이다. '더 베슬'은 2,500개의 나선형 계단으로 구성된 벌집 모양 건축물로, 관광객들은 '더 베슬'에 올라가 조망할 경우, 3차원적인 파노라마 뷰를 감상할 수 있게 된다.

'더 베슬'의 남쪽에는 '더 쉐드'(The Shed)라는 문화공연장이 있다. 쉐드는 헛간이라는 뜻으로 '더 쉐드'는 허드슨 야드의 '문화적 헛간'이라는 의미를 담고 있는 공연 예술장이다.

〈The Shed(더 쉐드)〉

출처 : 위키피디아

또한 뉴욕시는 허드슨 야드로의 교통접근성을 높이기 위해 약 20억 달러를 투입해 지하철 7호선을 현재 종점역인 34번가 타임스퀘어역에서 허드슨 야드까지 연장할 계획이다.

▶ '허드슨 야드' 프로젝트로부터 얻는 Key Point

1. 서울 도심을 복합 개발해 전 세계인이 주목하는 글로벌 '명품 도시'로 키워라! 세계적인 명품 도시끼리 서로 경쟁하는 시대다.

2. 핵심 도심을 고밀도로 복합개발하면 글로벌 기업들과 전 세계의 유능한 인재들이 몰려온다!

3. 'The Vessel'이나 'The Edge' 같은 랜드마크는 전 세계 관광객을 끌어모은다!

수서역 - 동남권 복합개발

수서역은 현재 지하철 3호선과 신분당선, 평택 지제역까지 연결되는 SRT가 운행 중이며, 2024년 GTX A노선까지 개통되면 쿼드러플 역세권이 된다. GTX A노선에서 수서역은 삼성역 바로 다음에 위치해 있다는 점에서 삼성역의 핵심 기능을 보완하는 동남권 물류·업무의 거점이 될 것으로 보인다. 특히 SRT는 2016년 12월 개통 이후 평택 지제역에서 동탄역, 수서역으로 이어지는 광역 급행열차다. 서울뿐만 아니라 전국적인 접근성이 좋은 수서역은 수도권 서남부시역 반도체 산업벨트로 이어지는 거점이 될 것으로 보인다.

〈서울 동남권 개발구상〉

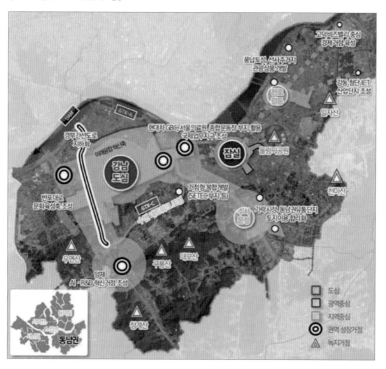

출처 : 2040 서울도시기본계획

그간 수서역 일대는 대모산·탄천으로 가로막혀 강남 업무지역으로의 접근성이 상대적으로 단절되었고, 공공임대 아파트가 수서역 주변에 포진되어 있어 강남권에서는 비교적 저평가되었다. 그러나 수서역 인근에는 삼성의료원, 가락시장, 문정법조단지, 동남권 유통단지 등 각종 편의시설이 많아 개발 잠재력이 높다.

〈수서역세권 개발사업 구성안〉

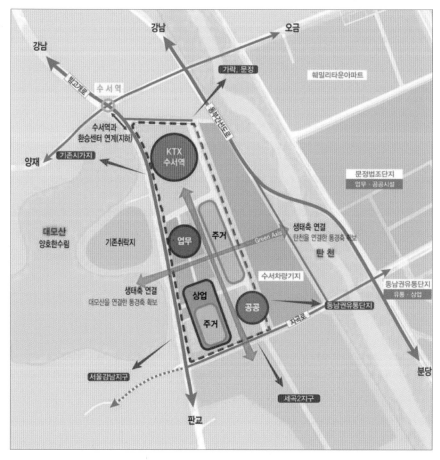

출처 : 〈파이낸셜 타임스〉

서울시는 수서 차량기지를 포함한 340만㎡ 부지를 동남권 유통단지와 가락시장 등과 연계해 물류 중심지로 개편하고 문정 도시개발 사업도 연계시켜 IT 기업을 포함한 R&D 복합지역개발을 추진 중이다.

또한 수서 차량기지 인근의 업무시설을 송파 문정법조단지와 이어지도록 탄천에 보행 브리지를 설치하고 총 2,500여 세대의 공공주택과 백화점, 상업용 오피스, 지식산업센터, 호텔 등이 들어서는 복합시설을 조성할 계획이다.

양재역 - 동남권 교통의 메카

양재역 일대는 서초구청사, 국립외교원, 양재고, 서초문화예술원 및 서울가정행정법원 등이 자리 잡고 있는 강남권의 핵심지역 중 하나다.

현재 양재역은 지하철 3호선과 신분당선 및 107개 버스노선이 교차하고 경부고속도로 서초IC 근처에 위치해 있어 서울 진입 광역버스 환승을 위한 최적의 입지에 자리하고 있다. 향후 GTX C노선과 위례과천선까지 개통될 경우, 강남으로 진입하는 고속도로·광역철도·지하철 등 각종 교통망이 합쳐지는 쿼드러플 역세권이 된다.

서초구는 약 5,230억 원을 투입해 현 서초청사를 철거하고 부지 1만 6,618m² 에 지하 6층 지상 34층 규모로 총 연면적 19만 8,700㎡에 달하는 서초청사 복합개발 사업을 추진 중이다. GTX 복합환승센터 안에 들어설 서초복합청사에는 어린이집·도서관·실내체육시설·복합문화시설, 창업지원시설 등 각종 생활 SOC 시설이 함께 들어설 예정이다.

〈서초청사 복합개발 단면도〉

출처 : 서울시 홈페이지

서울시는 2035년까지 약 2조 원을 투입해 양재·우면 일대 약 300만m²를 대규모 연구시설이 모인 R&D(연구·개발) 혁신거점, 즉 '양재 테크시티(Tech+City)'로 조성할 방침이다.

양재·우면지구를 20km 정도 떨어져 있는 판교 테크노밸리와도 연계해 미국 실리콘밸리와 같은 'R&D랜드마크'로 키운다는 계획이다.

〈서울 양재·우면 ICT 혁신 거점 테크시티 조성 계획〉

서울 양재·우면 ICT 혁신 거점 Tech+City 조성 계획

1 R&CD코어권역 (aT센터·양재시민의숲 일대)	• 공공 R&CD 공간 확충을 통한 성장거점 역할 • 특화가로 조성, 특화공원 조성, 기업 교류 및 인재 양성	
2 지역특화혁신권역 (중소 연구소 밀집 양재2동 일대)	• R&CD 공간 확충을 위한 용적률 완화, 스타트업 카페 조성	
3 지식기반상생권역 (대기업 연구소·공공용지 일대)	• 기업 상생 위한 공공 앵커시설 건립 • 연구 공간 확충 정책 지원	
4 도시지원복합권역 (양재IC 일대)	• 유통업무설비 해제를 통한 복합개발 • 공공 선도사업 및 기반시설 재생	

출처 : 〈매일경제신문〉

TIP. 일본의 랜드마크 '아자부다이힐스'

'아자부다이힐스'는 이미 '롯폰기힐스'를 개발했던 (주)모리타워가 도쿄의 구도심을 재개발한 프로젝트로, 총 64층 높이 약 7,000평의 공간에 1,400세대의 주거공간과 사무실·상점·갤러리·호텔 및 녹지공간이 한곳에 어우러진 주거·업무·문화 복합단지다.

〈아자부 다이힐스 조감도〉

출처 : 〈조선일보〉

도심 융복합공간인 '아자부다이힐스'는 1989년에 재개발이 시작되어 무려 34년간의 기나긴 협의 과정을 거쳐 2023년 11월에 완공되었다. 도쿄 최고의 교통 중심지에 들어서는 '아자부다이힐스'에는 7,000평의 상업시설에 에르메스·불가리 등 최고급 브랜드와 전 세계 음식점 150곳이 입점한다. 녹지공간은 상업시설보다 더 넓은 7,260평이다.

도쿄가 도시의 경쟁력 면에서 서울을 앞지르는 이유는 무엇일까? '롯폰기힐스'나 '아자부다이힐스'와 같은 세계적인 랜드마크가 있기 때문이다. 서울이 전 세계 관광객이 찾아오는 글로벌 명품 도시가 되려면 먼저 도심을 고밀도 복합개발해 '랜드마크'를 만들어야 한다.

여의도역 – 국제 금융 업무의 메카

2040 서울도시기본계획을 살펴보면, 특히 여의도는 '글로벌 금융·업무 중심지'로 개발해나가고, 영등포 일대는 '서남권 상업·업무문화의 중심지'로, 노량진 일대는 여의도의 배후 지원을 위해 육성해나갈 계획임을 밝히고 있다.

〈글로벌 금융 업무의 메카, 여의도〉

출처 : 2040 서울도시기본계획

현재 여의도는 제2세종문화회관 건립, 서해뱃길 선착장, 여의나루역 개발 등 각종 프로젝트가 추진되고 있어 초고층 재건축 정비가 완료될 경우, 주거·업무·상업시설이 어우러진 국제 금융 업무지구로 거듭날 것으로 보인다.

여의도의 철도교통망을 간단히 살펴보면, 지하철 5호선·9호선과 경전철인 신림선이 운행 중이며, 향후 신안산선·GTX B노선·서부선 등이 단계적으로 개통될 예정이다.

또한, 오세훈 서울시장은 신통기획 방식을 통해 여의도 재건축 사업을 적극적으로 밀어주고 있기에 재건축 대상 아파트들의 인기가 높다. 1971년에 준공된 52년 차의 여의도 시범 아파트를 필두로 한양 아파트, 목화 아파트, 삼부 아파트 등 40년 이상된 재건축 대상 아파트들이 많은 관심을 받고 있다.

〈여의도 내 주요 재건축 대상 아파트단지〉

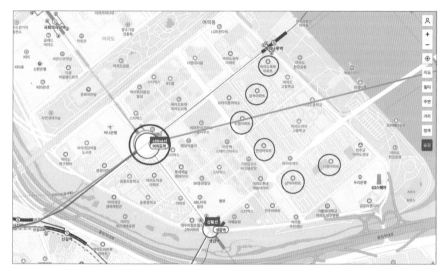

출처 : 호갱노노

서울시는 지난 2023년 4월 여의도 아파트지구 지구단위계획을 발표했는데, 그 세부 내용은 다음과 같다.

첫째, 여의도 아파트지구를 9개 특별계획구역으로 지정, 구역별 입지 특성에 맞게 개발한다. 즉 1구역 목화 아파트, 삼부 아파트, 2구역 장미 아파트, 화랑 아파트, 대교 아파트, 3구역(3-11동), 8구역 광장 아파트(1, 2동), 9구역 미성 아파트 등으로 나뉜다.

둘째, 3종 일반주거지역을 준주거지역·일반상업지역으로 종상향해 용적률을 최고 800%까지 상향한다. 기부채납에 따라 준주거지역은 400% 이하, 일반상업지역은 800% 이하까지 완화된다.

셋째, 한강과 인접한 1·2·4구역은 공공시설용지 조성 및 주거환경 개선 위주로, 3·5·6·7·8구역은 상업 업무 지원기능 위주로, 여의도역 역세권에 입지한 9구역은 도심기능 강화를 위한 개발이 진행된다.

여의도 아파트들의 각 구역별 재건축 진행현황을 간략히 살펴보자.

1구역의 목화·삼부 아파트는 서울시가 통합재건축안을 제안했지만, 현재는 별도로 재건축을 추진 중이다. 특히 삼부 아파트는 '더현대서울'·'IFC몰' 등이 인접한 역세권 대단지로 한강 접근성이 용이해 가장 인기가 있다. 2023년 1월 용적률 500%를 적용해 최고 56층 높이의 정비계획안 신청서를 제출했다.

3구역의 한양 아파트는 2023년 1월에 최고 54층, 4개 동의 956가구 규모 주상복합단지로 개발하는 신통기획안이 통과되었다.

4구역의 시범 아파트는 52년 전에 준공된 이 일대에서 가장 노후화된 아파트로서, 지난 2022년 11월에 용적률 400%를 적용해 최고 높이 65층, 2,500세대 규모로 재건축하는 신통기획안이 확정되었다.

〈여의도 시범 아파트 신통기획안〉

출처 : 서울시 홈페이지

광장 아파트는 여의나루로를 사이에 두고 1, 2동과 3~11동으로 나누어 각
각 분리재건축이 진행 중이다.

7구역의 광장 3~11동은 2024년경 시공사를 선정, 현재 12층 576가구에서
최고 56층 규모의 1,020가구로 재건축될 예정이다.

8구역의 광장 1, 2동은 2023년 1월 재건축 추진위원회 구성승인을 마쳤고,
2023년 2월에 예비안전진단을 통과했다.

라첼의 여의도 임장노트

준공된 지 52년이나 된 시범 아파트는 건물 외관이 너무나 낡아 현장에 가보면 재건축
이 임박했음을 누구나 느낄 수 있다. 63빌딩 옆에 있고 2,500세대의 대단위 단지에 최고
65층까지 재건축될 경우 여의도 최고의 대장 아파트로 부상할 것이다.

다만, 필자는 여의도 재건축 아파트 중 삼부 아파트가 마음에 든다. 지하철 여의나루역
인근의 역세권인 데다 '더현대서울', 'IFC몰'을 슬리퍼 신고 다닐 수 있는 슬세권이고, 여
의도 한강공원에 인접해 한강 접근성도 매우 뛰어나기 때문이다.

라첼의 머니 로드 1. 영등포 역세권 개발 살펴보기

1970년대 초까지만 해도 영등포구는 지금의 영등포구, 관악구, 동작구, 구로구, 금천구, 강서구, 양천구를 모두 포괄하는 지역이었다.

당시 서울시는 1977년 '3핵 도시발전계획'을 통해 강남과 강동은 상업지구로, 강북은 복합지구로, 영등포권역은 산업기능지구로 발전시켜나갈 계획이었다. 1970년대까지 서울시에서 영등포구는 면적, 인구 면에서 단연 최대 지역이었다.

〈1973년 이후 영등포구 분리 과정〉

출처 : 나무위키

그러나 영등포구는 1973년 관악구를 필두로 1977년에는 강서구, 1980년에는 구로구가 분리되어 나갔다. 다시 이들 3구에서 동작구, 양천구, 금천구가 분리된다. 다만, 여의도는 그대로 남았다.

1980년대 말 이후 산업기능지구였던 영등포 일대는 그 모습도 달라진다. 국가발전 시책이 중화학공업 위주로, 이후 IT산업 위주로 바뀌자 영등포 일대의 경공업 위주 산업들은 시대 흐름에 뒤처지며 하나둘씩 사라져갔다.

현재 경성방직은 경방 타임스퀘어라고 하는 복합쇼핑몰에 아직 남아 있고, OB맥주의 흔적은 영등포공원에 그대로 남아 있다. 문래동에 자리 잡고 있던 철공소들이 하나둘씩 떠난 자리에는 자연스럽게 예술인들이 모여들어 문래동 창작촌이 형성되었다.

〈영등포 쪽방촌 개발 사업 조감도〉

출처 : 국토교통부

〈영등포 도심역세권 재개발사업 조감도〉

출처 : 국토교통부

영등포역은 2025년에 신안산선 개통 시 지하철 1호선·신안산선·KTX 경부선이 교차하는 트리플 역세권이 된다. 1호선 영등포역은 인천, 부천, 김포, 구로, 광명 등지에서 많은 인구가 유입되고 신세계백화점과 타임스퀘어를 비롯해 영등포시장, 청과시장, 각종 술집 등이 즐비하기에 먹고 마시고 놀기 좋은 전형적인 유흥상권이다.

영등포는 과거 청량리와 마찬가지로 소규모 공장들과 집창촌, 술집들이 섞여 있던 낙후된 사창가였다. 하지만 서울시는 영등포역 쪽방촌 개발 등 대규모 복합개발을 통해 문화공간과 창업공간으로 재탄생시킬 방침이다. 영등포역을 중심으로 신세계백화점, 타임스퀘어, 상업용 부지를 포함한 복합개발이 진행 중이다. 영등포역 철도역사 위와 인근 4만㎡ 부지에 도로를 확장하고 용적률을 완화해 복합업무시설을 신축하는 등 각종 도시정비사업이 진행 중이다.

대선제분부지가 복합문화시설로 리모델링 중이며, 인근 준공업지역에 지식산업센터가 하나둘씩 생기면서 다소 낙후된 이미지의 영등포역 일대가 서울 서남부권의 핵심업무지역으로 급격히 바뀌고 있다.

라첼의 머니 로드 2. 신길뉴타운 알아보기

〈신길뉴타운 사업 추진 현황〉

출처 : 땅집고

영등포역 배후에 있는 신길뉴타운은 총 146만㎡ 규모 16개 구역으로 나뉘어 약 1만 세대의 아파트가 공급될 서울 서남부권 최대 뉴타운 사업지다.

총 16구역 사업장 중에서 11구역(래미안프레비뉴)이 2015년 12월 입주했고, 7구역(래미안에스티움)이 2017년 4월에, 5구역(보라매SK뷰), 8구역(신길파크자이), 9구역(힐스테이트클래시안), 14구역(신길센트럴아이파크)이 2019~2020년에 입주했고, 12구역(센트럴자이)이 2020년 2월에, 3구역(더샵파크프레스티지)이 2022년 7월에 입주를 완료했다.

교통 여건은 지하철 1·5·7호선을 통해 강남, 여의도, 광화문 등 3대 업무지구로 출퇴근이 용이하며, 2025년경 신안산선 신풍역 개통 시 신길뉴타운 12구역·13구역·14구역이 직접적인 수혜를 받을 예정이다.

라첼의 머니 로드 3. 노량진뉴타운 살펴보기

〈노량진 광역적 입지 조건〉

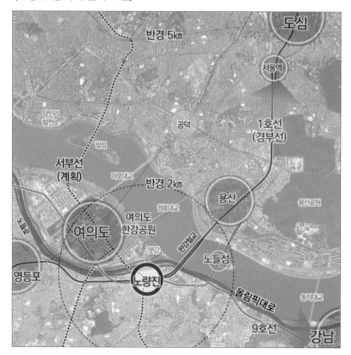

출처 : 서울시 홈페이지

노량진은 좌측으로는 여의도, 영등포 업무지구가 가깝고 우측으로는 강남, 용산, 광화문 업무지구로 출퇴근하기에 편리한 매우 훌륭한 입지다. 또한 교통 여건도 북쪽으로 지하철 1호선, 9호선 노량진역이, 남쪽으로 지하철 7호선 장승배기역이 위치해 있다. 특히 2028년경 서부선 경전철 개통 완료 시 노량진역은 트리플 역세권이 된다.

또한 자동차로 출퇴근 시 한강대교, 동작대교 등을 통해 올림픽대로, 강변북로, 남부순환로 등으로 이동하기 쉬운 사통팔달의 입지다. 필자도 2000년대 초반 노량진 인근 본동에서 한강 조망이 가능했던 한 아파트에 살았는데 강남으로 출퇴근하기도 편하고, 주말이면 인근 한강 변으로 자전거 타고 놀러 나가기도 했던 좋은 기억이 있다.

현재 재개발이 한창 진행 중인 노량진뉴타운은 총 8개 구역으로 나뉘어 있고 9,000여 세대의 주택이 공급될 예정이다.

〈노량진 재정비 촉진구역 현황도〉

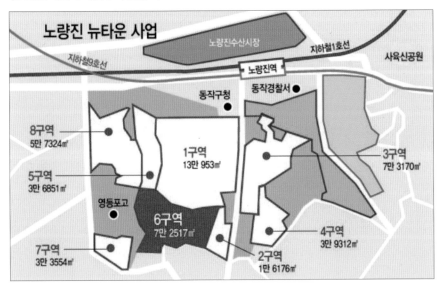

출처 : 〈헤럴드경제〉

1구역은 노량진역과 가깝고 면적이 가장 넓어 2,992세대 물량이 나올 수 있는 역세권 대단지다. 다만, 인접한 고시촌, 학원가 조합원들의 반대 등 각종 소송으로 진행이 늦어져 사업추진인가까지만 받은 상태다.

2구역은 입지 규모는 작지만, 용적률 403%까지 적용받는 역세권 개발로 지하 4층~지상 29층 421가구 규모 주상복합아파트 단지로 탈바꿈한다. 현재 철거가 진행 중이며, 2026년경 입주가 완료될 것으로 예상된다.

3구역은 지하철 1, 9호선 노량진역이 가깝고 한강 조망이 가능한 대단위 입지라 인기가 많다. 사업 진척은 사업시행인가까지 받았고, 포스코이앤씨가 수주를 맡아 총 1,012가구 규모로 시공할 예정이다.

4구역은 7호선 장승배기역에서 도보로 5분 거리의 역세권이며, 인근에 동작구 종합행정타운복합청사 호재도 있다. 관리처분인가까지 받은 상태로 현대건설이 총 844가구로 시공할 예정이다.

6구역은 영등포 고교와 노량진공원이 인접해 있고, 단지 내에 문화예술회관이 건립될 예정이다. 사업단계는 관리처분인가 후 철거가 진행 중이며, GS건설과 SK에코플랜트 컨소시엄이 공사를 맡아 총 499가구 규모로 탈바꿈한다.

7구역은 영화초, 영등포중, 영등포고가 인접해 있는 학세권이나, 단지 규모가 약간 작은 편이다. 사업시행인가까지 마쳤고, SK에코플랜트가 시공사로 총 576가구로 분양될 예정이다.

8구역도 영화초, 영등포중, 영등포고가 인접해 있고 1,007세대 대단위 단지라 인기가 좋다. 사업단계는 관리처분인가까지 받은 상태로 DL이앤씨가 시공할 예정이다.

왕십리역 – '비즈니스타운'으로 탈바꿈할 동북권 교통거점

왕십리역은 구리, 남양주, 하남, 양평, 성남, 용인 등 경기도 동남부지역에서 서울 도심으로 진입하는 주요 교통거점이다. 4개의 주요 지하철 라인이 있고, 민자역사가 구축된 왕십리역은 일일 유동 인구 7만 명, 연간 300만 명 수준으로 서울 4대 상권 중 하나다.

교통편을 살펴보면, 현재 2호선·5호선·수인분당선·경의중앙선 등 4개 노선이 운행 중이며, 향후 동북선과 GTX C까지 개통되면 6개 노선의 핵사 역사권이 된다. 두말할 필요 없이 서울 동북권 사통팔달의 철도교통 요충지다.

성동구청도 2022년 5월 '2040 성동도시발전기본계획'을 발표하며, 교통의 핵심 거점인 왕십리역 일대를 성동구의 광역 중심으로 육성할 계획임을 밝혔다. 이 중에 특기할 만한 호재는 다음의 4가지 정도로 압축된다.

〈2040 성동도시발전기본계획〉

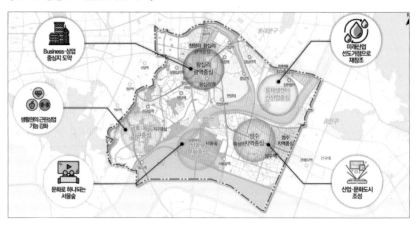

호재 1 – '비즈니스타운' 조성

현재 왕십리역 부근에 있는 성동구청사와 구의회, 성동경찰서 등 행정기관을 모두 이전하고 해당 부지에 여의도와 같은 대규모 '비즈니스타운'을 조성할 예정이다.

〈비즈니스타운(현 구청사 부지) 조감도〉

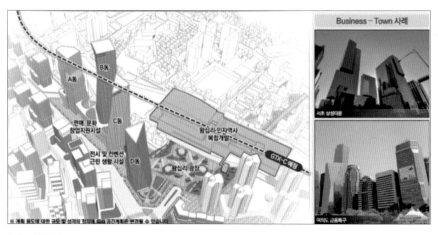

출처 : 성동구청

현재 왕십리역 일대는 50층 이상의 고밀도 개발이 가능한 역세권 일반 상업
지역임에도 불구하고 구청사가 가로막고 있어 왕십리 광역중심으로서 고밀도
개발에 한계가 있다고 보고, 행정기관들을 모두 이전한 후에 상업·업무공간을
확충해서 4차 산업 분야 벤처기업·대기업 본사 및 판매문화 창업지원 관련 기
업들을 유치할 계획이다.

호재 2 – '신행정타운' 조성

행당동 소월아트홀 부지에는 성동구청과 성동구의회, 경찰서 등 행정기관이
이전해 '신행정타운'을 조성한다.

〈신행정타운〉

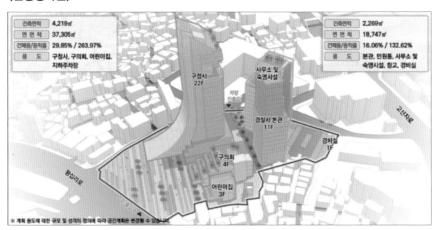

출처 : 성동구청

호재 3 – '신교육타운' 조성

행당동에 있는 덕수고는 북위례 택지개발지구에 이전될 예정인데, 해당 부지
는 교육 타운으로 새롭게 조성된다. 성동구는 덕수고 부지와 행당 도시개발 구

역에 성동구립도서관·소월아트홀·성동광진교육지원청·청소년수련관을 모두 이전해 교육 기능을 집적시킬 계획이다.

호재 4 – 삼표 레미콘부지 '문화 관광타운' 조성

성동구는 삼표 레미콘 공장 부지를 2022년 8월에 철거한 후 해당 부지를 공연장(8,500㎡)·잔디광장(4,880㎡)·주차장(1만 380㎡·239대)으로 조성했다. 향후 서울숲과 연계한 업무·상업 등 첨단문화 복합거점으로 개발할 예정이다.

〈성수동 삼표레미콘 공장 위치도〉

출처 : 서울시 홈페이지

라첼의 왕십리역 임장노트

왕십리역 GTX 개통 수혜를 받는 대장 아파트는 서울숲 삼부 아파트다. 1998년에 준공된 높이 15층 총 567세대의 구축 아파트지만, 왕십리역 바로 옆의 초역세권 아파트다. 고층에서는 한강도 보이고 GTX 개통 시 서울역·삼성역 모두 10분 안에 갈 수 있다. 다만 학군은 다소 취약하다는 평가가 많은데, 2023년 말 현재 34평 기준 15억 원 정도에 시세가 형성되어 있다.

이 밖에 왕십리뉴타운의 센트라스, 텐즈힐 5,379세대와 행당 6구역을 재개발한 서울숲리버뷰자이(2018년 6월 입주, 1,034세대) 등이 있다. 서울숲리버뷰자이 아파트는 2023년 말 시세가 국평 기준 19억 원대에 형성되어 있다.

〈GTX 왕십역 인근 호재 아파트〉

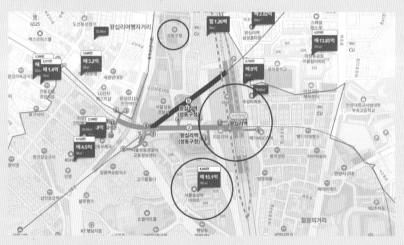

출처 : 네이버페이 부동산

TIP. 그레이트한강 프로젝트를 어떻게 볼 것인가?

〈서울시 그레이트 한강 프로젝트〉

출처 : 〈노컷뉴스〉

오세훈 서울시장은 2023년 3월 서울을 뉴욕·런던·파리·도쿄 수준의 '글로벌 톱 5 도시'로 만들겠다는 발상에서 한강 수변공간을 개발하는 내용의 '그레이트 한강 프로젝트'를 발표했다.

'그레이트 한강 프로젝트'의 주요 내용은 한강 주변 생태공원 조성 등 한강 중심의 성장거점 마련을 위해 55개 사업을 추진한다는 것이다. 이명박 전 서울시장은 청계천 개발을 통해 서울 시민들에게 일종의 오픈 스페이스를 제공하며 인기를 끌었고, 결국 청와대까지 갔다. 박원순 전 시장은 서울역 고가차도를 공원으로 조성한 '서울로7017' 프로젝트를 통해 시민들에게 도심 속 쉼터를 제공해 인기를 얻었다. 오세훈 시장은 글로벌 도시경쟁력 강화를 위해 '그레이트 한강' 프로젝트를 추진 중이다. 바야흐로 한강 변의 낡고 오래된 빌라들과 아파트들에 주목할 때다.

TIP. '세빛둥둥섬'과 '리틀 아일랜드'

맨해튼 서쪽의 첼시 피어(Chelsea Pier)는 1900년대 초반 뉴욕을 오가던 사람들이 주로 이용하던 대형 여객선 터미널이었다. 1912년에 침몰한 타이타닉호가 도착할 예정이었던 부두가 바로 첼시 피어다. 그러나 1935년에 뉴욕 크루즈 터미널이 완성되자 첼시 피어를 대체하게 되었고, 이로 인해 첼시 피어는 화물용 터미널로 사용되기 시작했다. 그러나 1980년대가 되자 뉴욕시는 맨해튼 서쪽에 있던 고가도로를 평탄화하는 작업에 착수했고, 첼시 피어도 1991년경에 대부분 철거된다.

이후 허드슨 강변공원 신탁 주도하에 디자인 공모전이 진행되었고, 토마스 헤더윅(Thomas Heatherwick)의 작품이 최종 당선되었다. 한화 약 3,000억 원이 투입된 대규모 프로젝트로 약 3,000평의 공간에 35종의 나무와 270여 종의 다년생 식물 등으로 구성되어 있다.

〈리틀 아일랜드 전경〉

'하이라인 공원'이 버려진 폐철로를 재활용한 생태공원이라면, '리틀 아일랜드'는 강 위에 만든 새로운 생태공원이다. 오세훈 서울시장도 '리틀 아일랜드'를 참고로 한강 변에 '세빛둥둥섬' 프로젝트를 가동한 게 아닐까?' 하는 생각이 문득 떠올랐다.

출처: 〈블룸버그 뉴스〉

광운대역 – 광운대 역세권 사업을 주목할 것!

광운대역에는 현재 1호선과 경춘선이 운행 중이며, 향후 GTX C노선(2028년경)과 동북선 경전철(월계역, 2026년경) 및 동부간선도로 지하화 사업 등이 예정되어 있는 등 교통 호재가 많다.

광운대역세권 개발 사업은 광운대역 일대의 14만 816㎡의 철도시설 부지를 개발, 주거·업무·판매·문화시설 등 복합적 기능을 갖춰 일사리를 창출하는 약 4조 5,000억 원 규모의 복합개발 프로젝트다.

〈광운대 역세권개발 사업 조감도〉

출처 : 서울시 홈페이지

서울시 지구단위계획 등 사업절차에 따라 상업·업무용지에는 49층 높이의 랜드마크 건물을 비롯해 37층 높이의 주상복합 아파트 3,173세대가 들어올 예정이다. 광운대 역세권 개발 사업은 2024년 착공해 2029년 완공될 예정이다. 사업 완료 후 광운대 역세권은 호텔, 쇼핑, 주거, 업무공간이 합쳐진 미래형 복합타운으로 바뀌게 된다.

라첼의 광운대역 임장노트

〈GTX 광운대역 인근 호재 아파트〉

출처 : 〈매일경제신문〉

GTX 광운대역 개통 시 최대 수혜단지는 아마도 강북권 최대 규모 재건축 단지인 월계동 '미미삼'(미성·미륭·삼호) 아파트일 것이다.

월계동 '미미삼'은 1986~1987년에 준공된 아파트로 총 3,930세대의 대단지 아파트다. 주로 전용 33~59㎡의 소형 아파트로 구성되어 있지만, 저층 아파트 단지가 많고 용적률이 131%에 불과해 사업성이 우수하다. 현재 재건축 진행 현황은 2023년 6월에 정밀안전진단까지 통과한 상태다. 제3종일반주거지역이라 용적률 300%까지 적용받을 경우, 최대 1만 세대까지 가능하다.

창동역 - 서울 강북권의 신흥 복합거점 예정지

서울 동북권에서 GTX 역사를 낀 최대 신사업 단지는 창동역과 노원역에 걸쳐 개발 중인 창동 역세권 사업이다. 현재 창동역은 지하철 1호선·4호선 및 경전철 우이신설선이 경유하고, 향후 GTX C노선까지 개통될 경우, 삼성역까지 단 14분이면 이동이 가능하기에 대중교통 접근성이 획기적으로 좋아진다.

〈창동·상계 도시재생활성화지역〉

출처 : 서울시 홈페이지

그간 부동산 업계에서는 소위 '노·도·강' 지역을 서울 동북권에 위치한 전형적인 베드타운으로 강남 3구나 한강 인근 '마·용·성' 지역에 비해 경제·문화·생활 인프라 면에서 다소 소외된 지역으로 간주했다.

그러나 GTX 창동역세권 개발 사업 및 '씨드큐브 창동', '서울 아레나', 바이오 클러스터 단지 등 사업이 단계적으로 완료될 경우, 창동 일대는 서울 동북권의 새로운 경제·문화 중심지로 부상할 전망이다.

GTX 창동역 민자역사

창동 민자역사 공사는 12년 동안 공사가 중단되었다가 2022년에 다시 재개, 2025년 완공 예정이다. 창동 민자역사가 완공되면 씨드큐브 창동, 바이오클러스터 조성, 서울 아레나, GTX C노선 개통 등과 맞물려 상당한 시너지를 낼 것으로 보인다.

씨드큐브 창동

'씨드큐브 창동'은 오피스텔·오피스·상업시설을 모두 갖춘 복합문화시설로, 2023년 5월 준공되었다. 총 연면적 14만 3,533㎡ 지하 7층~지상 49층 규모로 주거용 오피스텔 792가구를 비롯해 업무시설, 상업시설을 갖춘 서울 동북권 신경제 중심지를 대표하는 랜드마크 건물이다.

〈씨드큐브 창동 조감도〉

출처 : 서울시 홈페이지

서울 아레나 VS CJ 라이브 시티 VS K-스타월드

'서울 아레나'는 2만석 규모의 K팝 전문공연장이다. 서울시는 연면적 11만 9,096㎡ 부지에 음악 전문 공연장(1만 8,269석)과 중형 공연장(2,010석), 대중음악 지원 시설 등을 짓는다는 계획이다.

카카오가 시행사로 선정(2022년 4월)되어 총 3,120억 원을 투입해 2025년까지 완공 예정이었으나, 공사비 인상, 카카오 내부 사정 등으로 지연 중이다.

현재 대규모 K팝 공연장 건설을 추진하는 곳은 창동 '서울 아레나' 외에도 고양시 킨텍스역 일대의 'CJ 라이브 시티'와 하남시의 'K-스타월드' 조성 사업이 있다. 현재 '서울 아레나'는 카카오가, 'CJ 라이브 시티'는 CJ ENM이, 하남 'K-스타월드'는 MSG가 주관사다. 워낙 천문학적인 자금이 소요되고 공사비 인상 등 여러 가지 이유로 제 시간 내 완공될지는 불투명하나, 제대로만 완공된다면 복합문화거점으로서 지역경제 활성화에는 상당한 도움이 될 것이다.

〈서울 아레나 조감도〉

출처 : 서울시 홈페이지

창동 차량기지 이전 및 도봉면허시험장 이전

창동 역세권 개발 사업의 핵심은 창동차량기지 부지(18만㎡)와 도봉 면허시험장 부지(6만 7,420㎡)를 이전시킨 후에 통합 개발하는 것이다. 서울시는 창동차량기지(2025년 남양주 진접으로 이전)와 도봉운전면허시험장을 이전시킨 후 대형병원, 글로벌 제약회사와 의료연구기관 등을 유치해 '차세대 바이오메디컬 복합단지'를 조성할 예정이다. 또한 스타필드와 같은 대형 복합쇼핑몰과 지식산업센터, 컨벤션센터 등을 유치해 동북권 경제 활성화의 거점으로 육성한다는 복안이다.

〈창동 차량기지 및 도봉 면허시험장 일대〉

출처 : 서울시 홈페이지

〈창동차량기지에 들어올 노원 바이오메디컬 클러스터 조감도〉

출처 : 서울시 홈페이지

동부간선도로 지하화

동부간선도로 지하화 사업은 대우건설컨소시엄이 시공사로 2023년에 착공, 2028년 완공 예정이다. 지하화 구간은 월릉에서 삼성까지 약 10.1km 구간으로 통근 시간마다 극심한 정체 구간인 동부간선도로가 지하화될 경우, 창동 일대에서 삼성역까지 출퇴근 시간이 획기적으로 줄어든다. 창동역 일대는 미래 강남의 중심지가 될 삼성역까지 GTX C 노선 개통과 함께 도로 교통망까지 획기적으로 좋아진다면, 강북–강남으로 이어지는 비즈니스 벨트가 형성될 수 있다.

〈동부간선도로 지하화 민간 투자 사업 위치도〉

출처 : 서울시 홈페이지

라쳴의 창동역 일대 재건축 아파트 투자 노트

〈창동 주공 아파트 단지 위치도〉

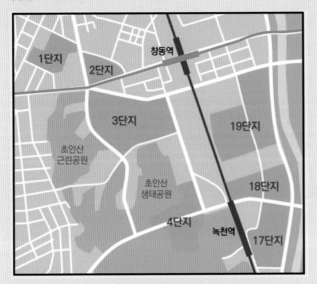

출처 : 〈비즈워치〉

창동역 일대 아파트들은 대부분 1988~1996년 사이에 입주 완료해 재건축 추진 대상이다.

창동역 인근의 창동 주공 1~4단지와 17~19단지 등 7개 단지는 총 1만 778가구의 대단위 단지로 재건축 사업의 첫 관문인 예비안전진단까지 통과한 상태다.

이 중에 창동 주공 18단지는 2022년 4월에 예비안전진단을 통과했고, 2023년 8월에 재건축 안전진단을 최종 통과하며 본격적인 재건축 추진에 나설 예정이다. 창동주공 19단지는 2022년 4월 예비안전진단까지 통과한 상태다.

노원역 일대는 상계주공 1단지(2,064가구), 2단지(2,029가구), 3단지(2,213가구), 6단지(2,646가구)가 정밀안전진단을 통과하며 재건축을 확정한 단계다. 주공 5단지(840가구)는 2018년 안전진단을 통과했고 2019년 서울시에서 신통기획 시범사업으로 낙점, 총 996가구로 재건축할 예정이다. 2023년 3월 GS건설이 시공사로 선정되었다.

연신내역 - 서울 서북권의 숨은 진주

연신내역은 현재 지하철 3호선·6호선이 운행 중이며, 향후 GTX A노선 개통 및 신분당선 연장 시 쿼드러플 역세권으로 탈바꿈한다.

〈은평구 일대 주요 개발 호재〉

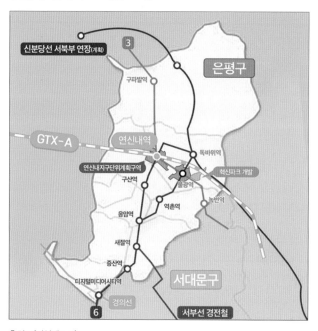

출처 : 〈리얼캐스트〉

다만 연신내 일대는 대규모 아파트 단지가 그리 많지 않고 인구 밀도가 매우 높은 빌라 밀집촌이다. 전통 시장도 많고 항상 사람들로 북적이기에 상권은 좋은 편이다. 즉, 광화문·강남 등 서울 중심지로 출퇴근하는 사람들이 많이 사는 서울 외곽의 전형적인 베드타운이라는 이야기다. 집값이 상승하기 위해서는 교통 호재뿐만 아니라 좋은 일자리가 근처에 있어야 한다. 이러한 점에서 연신내 인근의 대규모 복합개발 사업으로 불광역 '서울혁신파크'가 관심을 끈다.

서울 서북권 2거점 : 연신내 불광 vs. 상암 수색

2040 서울도시기본계획을 살펴보면, 서울 서북권 일대에서 양질의 일자리 창출이 가능한 핵심 거점은 '서울혁신파크'가 있는 연신내역-불광역 라인과 상암·수색 거점 라인 두 축으로 나뉜다.

〈2040 서울도시기본계획상 '서북권 발전구상'〉

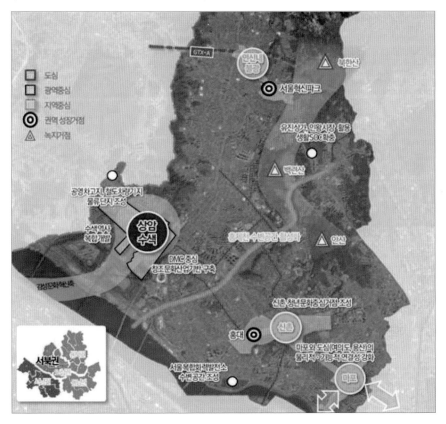

출처 : 2040 서울도시기본계획

거점 1 - 불광역 서울혁신파크

불광역 바로 옆에 소재한 '서울혁신파크' 부지는 약 11만㎡ 규모로 원래 국립보건원 부지였다. 서울시가 2006년 국립보건원 이전 이후 난개발을 막기 위해 매입했고, 업무공간·주거단지·상업·문화 복합공간인 '서울혁신파크'로 조성할 예정이다. 2025년 착공, 2030년경 준공할 예정인데 연면적이 총 48만 3,931㎡로 코엑스보다 더 넓다.

서울시는 상암DMC와 마곡과 연계해 미디어·생명공학 등 첨단산업을 전략적으로 유치해 양질의 일자리를 창출할 수 있도록 특화 업무공간(15만㎡)을 조성, 서북권의 신성장 거점으로 육성할 예정이다.

서울혁신파크 중 특기할 점은 다음과 같다.

첫째, 서울시립대 산학캠퍼스가 들어간다. 서울시는 시립대캠퍼스와 연계해 '취업사관학교·취업지원시설'과 창업지원센터를 조성한다.

〈서울혁신파크 조감도〉

출처 : 서울시 홈페이지

〈서울혁신파크 공간배치도〉

출처 : 서울시 홈페이지

둘째, 중앙에 대규모 녹지광장과 60층 규모의 랜드마크 타워 및 여의도 '더현대서울'보다 더 큰 복합문화쇼핑몰을 조성한다.

셋째, 입체도시를 만든다. 차량은 지하로 이용할 수 있도록 지하 교통체계를 구축하고, 지상부는 걷기 좋은 녹지 보행 공간을 조성한다.

거점 2 - 수색 역세권 개발과 수색증산뉴타운

수색 역세권 개발계획은 서울 서북권에서 미디어·IT기업 800여 개 사가 입주해 있는 디지털미디어시티(DMC) 주변의 총 22만㎡ 규모 부지를 대규모로 복합개발하는 사업이다. 현재 디지털미디어시티(DMC)에는 MBC·SBS·YTN·JTBC 등 주요 방송사들과 IT·문화콘텐츠 기업들이 대거 입주하면서 첨단 콘텐츠 업무단지로 각광을 받고 있다.

PART 2. 서울 편　111

서울시는 DMC역 일대의 부지와 수색역 일대의 철도시설·차량기지 이전 부지를 총 3단계에 걸쳐 대규모의 상업·숙박·컨벤션·문화 시설 등을 복합 공급해 글로벌 문화복합중심 허브로 키울 방침이다.

〈수색역세권개발계획(안)〉

출처 : 서울시 홈페이지

수색 역세권 개발 사업이 완료되면 상암DMC에서 월드컵경기장, 일산 킨텍스역 한류월드까지 이어지는 복합문화 벨트가 조성될 전망이다.

라첼의 수색 역세권 임장노트

디지털미디어시티역은 공항철도·6호선·경의중앙선이 교차하는 트리플 역세권으로 현재 디지털미디어시티역 주변의 대규모 주거단지로는 수색증산뉴타운이 있다.

수색증산뉴타운은 2006년 뉴타운으로 지정된 이후 2008년 글로벌 금융위기 때 난항을 겪다가 2017년 'DMC 롯데캐슬더퍼스트'가 분양하면서 개발이 본격화되었다. 이후 'DMC SK뷰'(2021년 10월)·'DMC 센트럴자이'(2022년 4월)가 입주하면서 각광을 받게 된다.

〈GTX 수색역 인근 호재 아파트〉

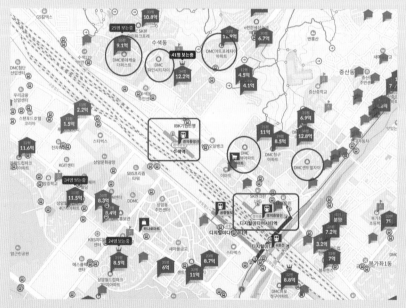

출처 : 호갱노노

수색증산뉴타운의 대장 아파트는 디지털미디어시티역 바로 인근의 초역세권 아파트인 'DMC 센트럴자이'로, 2023년 말 현재 34평 기준 시세가 12억 원대에 형성되어 있다.

서울 경전철 사업
들여다보기

〈제2차 서울시 10개년 도시철도망〉

출처 : 서울시 홈페이지

서울 경전철 사업의 경과

서울 경전철 사업은 박원순 전 시장 시절에 본격적으로 구상되었다. 강남·북 간의 경제 격차가 벌어지자 박 전 시장은 지역 간 불균형 해소 차원에서 경제 논리보다 철도교통 소외지역을 구석구석 연결하는 데 중점을 두고 추진했다. 2018년 2월 '제2차 서울시 도시철도망 구축계획'이 발표되었는데, 주된 요지는 2028년까지 총사업비 7조 2,302억을 투입해 면목선·난곡선·우이신설연장선·목동선·강북횡단선 등 총 10개 노선의 경전철을 구축한다는 계획이었다. 서울시의 철도망 구축계획이 모두 완결될 경우, 그간 교통 소외지역이었던 동북권·서북권·서남권 주민들의 철도 이용이 대폭 향상될 것으로 예상되었다. 현재까지 우이신설선(2017. 9)과 신림선(2022. 5)까지 개통되었고, 동북선(2026년경), 위례신사선(2028년경) 등이 단계적으로 개통될 예정이다.

〈서울 경전철 구분 및 추진 경과〉

기수	노선명	구간	길이(km)	개통
1기	우이신설선	북한산우이 – 신설동	11.4	2017. 9. 2
	신림선	샛강 – 관악산	7.8	2022. 5. 28.
2기	위례선	마천 – 복정/남위례	5.4	2025년 (공사 중)
	동북선	왕십리 – 상계	13.4	2026. 7. (공사 중)
	위례신사선	신사 – 위례중앙	14.9	2028년 (협상 중)
	서부선	새절 – 서울대입구	15.6	2029년 (협상 중)
3기	강북횡단선	목동 – 청량리	25.7	미정
	목동선	신월동 – 당산	10.9	미정
	면목선	청량리 – 신내	9.1	미정
	난곡선	보라매공원 – 난향동	4.1	미정

출처 : 서울시 홈페이지

우이신설선(2017년 9월 2일 개통)

〈우이-신설 경전철 노선도〉

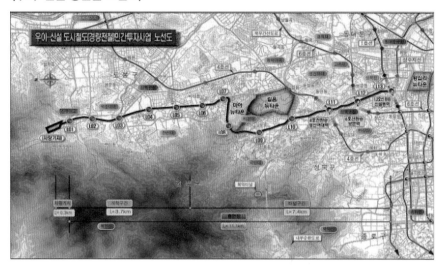

출처 : 서울시 홈페이지

우이신설선은 서울 경전철 중에 가장 먼저 개통(2017. 9. 2)되었고, 북한산 우이역과 삼양역, 정릉역을 거쳐 1·2호선 환승역인 신설동역까지 총 13개 역 11.4km를 잇는 노선이다.

〈우이경전철 노선도〉

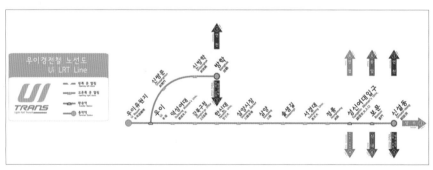

출처 : 서울시 홈페이지

신림선(2022년 5월 24일 개통)

〈신림선 노선도〉

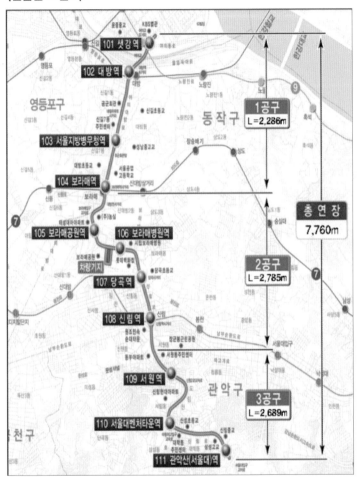

출처 : 국토교통부

서울도시철도 신림선은 2017년 3월에 착공해 5년 3개월간의 공사 기간을 거쳐 2022년 5월 24일에 개통되었다. 영등포구 샛강역에서 시작해 보라매역, 신림역을 거쳐 관악산(서울대학교)역까지 총 11개 역 7.76km를 잇는 노선이다.

동북선(2026년 7월 개통 예정)

〈동북선 노선도〉

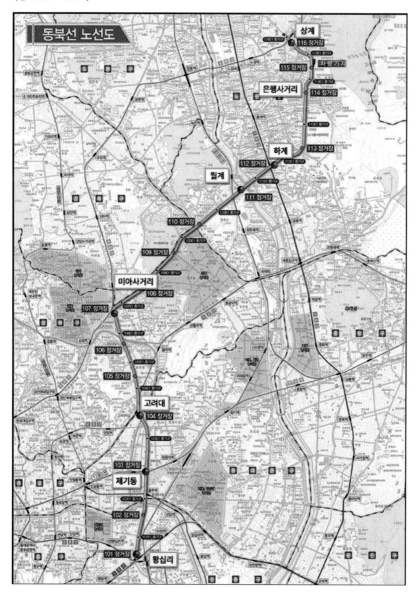

출처 : 서울시 홈페이지

동북선은 폐기된 3기 지하철 계획 중 하나였던 서울 지하철 12호선의 구간을 일부 변형해서 추진하는 경전철 노선이다. 서울 동북권역인 왕십리역~미아사거리역~상계역을 잇는 총 16개 역 13.4km를 운행한다. 2019년 10월에 착공해 2026년 7월경 개통할 예정이다.

　　동북선의 강점은 다른 지하철과 환승할 수 있는 구간이 많다는 점이다. 다른 경전철들이 통상 1~2개 정도 환승 가능한 데 비해, 지하철 1호선부터 2·4·5·6·7호선, 경의중앙선, 수인분당선까지 총 8개 노선으로 환승이 가능하다. 이로 인해 은행사거리·장위뉴타운 등 그간 강북권역의 교통 소외지역들이 수혜를 받을 전망이다.

서부선(2028년경 개통 예정)

서부선은 새절역에서 시작해 신촌역 - 광흥창 - 여의도 - 노량진 - 서울대입구역 등 주로 서울 서부권역을 잇는 총 15.6km를 운행하는 경전철이다. 2023년에 착공, 2028년경 개통할 예정이다.

〈서부선 노선도〉

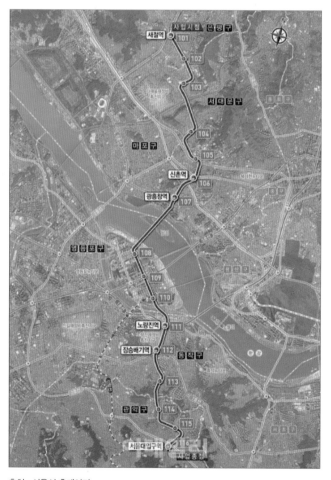

출처 : 서울시 홈페이지

서부선은 명지대·신촌 등 서북권역과 봉천동·상도동 등 다세대 밀집지역에서 여의도로 출퇴근하기가 수월해진다. 특히 여의도에는 3개 역이나 경유하니, 교통 소외지역이었던 서북권과 서남권에서 여의도 출퇴근이 획기적으로 개선된다. 서부선은 추후 신림선과 고양선과도 연결될 예정이다. 잠재력이 많은 노선이다.

〈서부선 남부연장계획과 주변 노선도〉

서부선 남부 연장 계획과 주변 노선도 ©관악구청

출처 : 서울시 홈페이지

위례선(2025년 말 개통 예정)

〈위례선 노선도〉

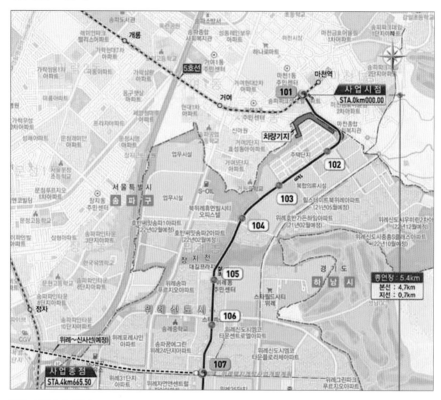

출처 : 서울시 홈페이지

위례선은 노면전차인 트램으로 위례 신도시 내부를 관통하는 노선이다. 위례 신도시는 트램을 중심으로 동서로 도시가 나뉘게 될 것이다. 2021년 5월에 착공해 2025년 9월에 개통할 예정이다.

위례신사선(2028년경 개통 예정)

〈위례신사선 노선도〉

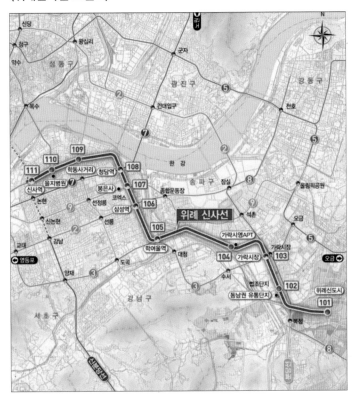

출처 : 서울시 홈페이지

위례신사선은 위례 신도시, 가락동, 삼성동을 거쳐 신사역까지 이어지는 총 11개 역, 14.83km를 잇는 경전철 노선이다. 총사업비는 1조 4,530억 원 정도로 2028년경 개통될 예정이다.

위례신사선은 신사역·청담역·학여울역 등 강남 곳곳을 순환하는 열차로 강남의 환승거점이 될 삼성역으로 연결된다.

강북횡단선(개통 시기 미정)

〈강북횡단선 노선도〉

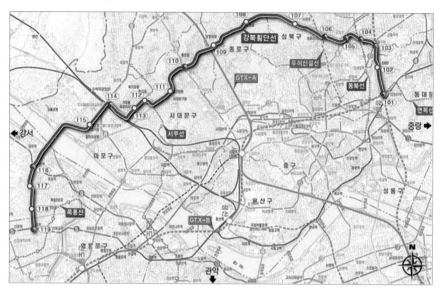

출처 : 서울시 홈페이지

강북횡단선은 서울 목동과 청량리까지 서남권·서북권·동북권 지역을 동서로 관통하는 경전철이다. 상명대, 평창동, 국민대, 정릉 등 그간 지하철 이용이 불편한 강북 노선들이 매우 많아 박원순 전 서울시장이 가장 관심을 갖고 추진했던 사업이다. 오세훈 서울시장도 취임 후 조기 착공 의사를 밝힌 상태라 적어도 3~4년 후에는 착공될 것으로 보인다.

청량리역을 기점으로 홍릉, 길음, 평창동, 명지대, 월드컵경기장, 목동역(5호선)까지 총 19개 역 25.72km를 잇는 노선으로, 총사업비는 2조 844억 원 정도로 예상된다. 특히 청량리역은 강북횡단선 개통 시 GTX B와 GTX C노선과의 연계성이 뛰어날 것으로 전망된다.

면목선(2024~2025년 개통 예정)

〈면목선 노선도〉

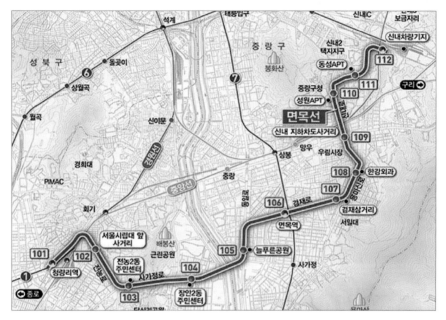

출처 : 서울시 홈페이지

면목선은 청량리역부터 6호선·경춘선이 지나는 신내역까지 총 9.05km의 구간으로, 12개 정거장이 개설될 계획이다. 면목선은 2019년 제2차 서울시 도시철도망 구축계획이 확정되었고, 착공은 2024~2025년을 목표로 하고 있다.

면목선은 서울 동북권의 교통 소외지역들을 이어준다. 면목선 개통 시 면목역은 7호선이 교차하는 더블 역세권이 되며, 망우역은 경의중앙선·경춘선이 운행하는 트리플 역세권이 된다. 또한 면목선의 종점이 될 청량리역은 GTX B, GTX C 노선까지 개통되는 강북의 교통 허브로 거듭날 것이다.

Part 3

수도권 편

〈수도권 광역통행 축〉

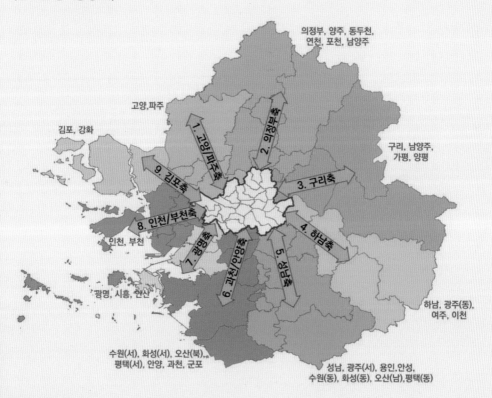

의정부, 양주, 동두천,
연천, 포천, 남양주

고양,파주

김포, 강화

구리, 남양주,
가평, 양평

1. 고양/파주축

2. 의정부축

9. 김포축

3. 구리축

8. 인천/부천축

4. 하남축

인천, 부천

7. 광명축

6. 과천/안양축

5. 성남축

광명, 시흥, 안산

하남, 광주(동),
여주, 이천

수원(서), 화성(서), 오산(북),
평택(서), 안양, 과천, 군포

성남, 광주(서), 용인,안성,
수원(동), 화성(동), 오산(남),평택(동)

출처 : 한국교통연구원

GTX A

⟨GTX A노선도⟩

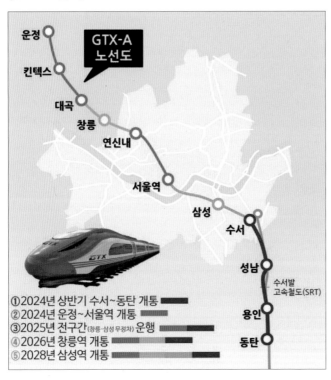

출처 : 땅집고

파주시 - GTX 운정역 복합환승센터 일대가 핵심!

파주 도시계획 2035를 살펴보면, 파주는 크게 3개 중심축과 8개의 보조 축으로 나뉜다. 즉 문산, 금촌·조리, 운정·교하의 3개가 중심축인데 이 중 파주시민의 50% 이상은 남쪽의 교하·운정지구에 산다. 북한 접경지라는 특수성, 서울로의 교통 접근성 용이, 파주 최초의 택지지구라는 점을 생각해보면 이는 너무나 당연하게 보인다.

교하지구는 2000~2006년간에 걸쳐 문발동·동패동·다율동 일원에 약 62만 평 규모로 조성된 신도시다. 교하지구는 분양 당시만 해도 일산 등 1기 신도시 이후에 조성되는 택지지구라 인기가 많았으나, 2000년대 초 운정지구가 개발되면서 그 인기가 아주 시들해졌다.

〈교하지구, 운정지구 토지이용계획도〉

출처 : 나무위키

2기 신도시에 해당하는 운정 신도시는 2011년에 파주시 동패동, 목동동, 야당동, 와동동 일대 약 286만 평 규모로 조성되었다. 운정 신도시는 개발 초기에는 교하동 동쪽인 운정 1동, 2동, 3동만을 지칭했으나 이후 운정 3지구 사업이 확정되어 아직도 개발 중이다.

운정 신도시는 같은 2기 신도시인 판교 신도시와 비교할 때 서울 중심지로부터 40km 이상 떨어져 있고, 도로·철도 등 기반시설이 미비해 4,000세대 이상이 미분양되는 등 그다지 인기가 없는 편이었다. 그러나 운정호수공원 등 쾌적한 주거환경과 운정고등학교 등 명문학군이 들어서고, 제2자유로와 서울-문산 간 고속도로 개통 등 교통 호재가 이어지면서 미분양이 급속도로 소진되어 인구 유입이 꾸준히 증가하고 있는 도시다.

파주시 인구도 2008년에는 30여만 명 정도였으나, 교하·운정지구 개발 이후 꾸준히 늘어 2023년 말에는 47만 8,500명이다. 앞으로 GTX A 개통과 지하철 3호선 연장 등 교통 호재가 이어질 경우, 파주 전체 인구는 최대 70만 명까지 늘어날 가능성도 있다.

파주 운정 신도시 인근에 예정된 교통·일자리 호재를 정리해보면 다음과 같다.

- GTX 운정역 복합환승센터
- 지하철 3호선 연장(미확정)
- 수도권 제2외곽순환도로 개통
- 일자리 : 파주메디컬클러스터와 운정테크노밸리
- 경의선 운정역 인근 스타필드 개장 등

라첼의 운정역 임장노트

GTX 운정역 복합환승센터는 운정지구의 좌측면에 들어선다. GTX 개통은 지하철 교통 오지였던 교하지구와 운정지구 모두를 살리는 황금열쇠로 볼 수 있다.

운정지구에서는 GTX 운정역에서 반경 600m 안쪽에 위치한 아파트들이 상당한 수혜를 볼 것으로 예상된다.

역사 오른쪽으로는 운정 아이파크·운정 센트럴푸르지오·한울마을 벽산블루밍 아파트가, 왼쪽으로는 중흥S클래스·디에트르더퍼스트·e편한세상 운정어반프라임 아파트 등의 수혜가 예상된다. 교하지구에서는 상록데시앙 아파트·우남퍼스트빌·상록데시앙 아파트 등이 주목된다.

⟨GTX 운정역 인근 호재 아파트⟩

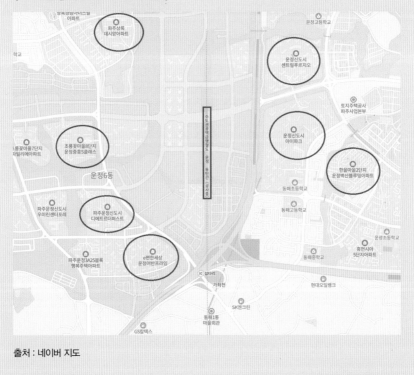

출처 : 네이버 지도

TIP. 2기 신도시

2기 신도시는 2003년 참여정부 당시 서울 집값 급등을 막기 위해 ▷김포 한강 ▷인천 검단 ▷화성 동탄1·2 ▷수원 광교 ▷성남 판교 ▷위례 ▷파주 운정 등 12개 지역을 개발한 사업이다.

다만 일산·분당 등 1기 신도시가 서울 도심 반경 20km에 위치하고 있는 반면, 2기 신도시(운정·한강·검단·동탄·광교·옥정)들 판교·위례를 제외하고 대부분 30km 이상 떨어진 곳에 조성되어 있어 교통 접근성이 떨어졌다는 것이 맹점이다.

〈1기 신도시와 2기 신도시〉

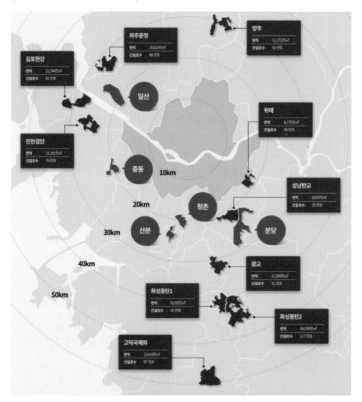

출처 : 한국토지주택공사

킨텍스역 - 고양시 3대장과 킨텍스역

〈고양시 KTX역 3대장〉

출처 : 2035 고양도시기본계획

고양시에는 GTX역이 3개(**킨텍스역, 대곡역, 창릉역**)나 들어온다. 1기 신도시 중에 분당·평촌에 비해 고양시의 부동산 가격이 상대적으로 약한 이유는 무엇일까? 여러 가지 요인이 있겠지만, 무엇보다 서울 중심업무지구, 특히 강남으로의 교통 접근성 부족에 따른 출퇴근 시간 차이로 보인다.

분당의 경우, 2006년 광역급행철도인 신분당선 개통 이후 강남 접근성이 획기적으로 개선되었다. 신분당선 개통은 분당뿐만 아니라 광교 신도시의 부동산 가격까지 밀어 올렸다. 평촌도 평촌역·범계역 등 지하철 4호선 2개역을 통해 강남 접근성이 좋아졌고, 부천 중동 신도시도 2012년 지하철 7호선 개통 이후 강남까지 접근성이 획기적으로 좋아졌다.

반면에 일산은 지하철 3호선이 서울 서북부권역을 빙 돌아 나가면서 강남 쪽으로 가는 시간이 많이 소요되고, 수도권 순환도로와 자유로 구간은 상습정체 구간이라 출퇴근시간에 이동이 쉽지 않다. GTX A 노선에 정차역이 3개나 들어선다는 것은 향후 고양시 부동산 시장에 획기적인 사건이다.

GTX 외에 앞으로 고양시에는 어떤 교통 호재가 있을까?

국토교통부가 2021년 말 발표한 '제4차 국가철도망 구축계획'에 따르면, 고양시에는 향후 총 6개 노선이 신설되고 5개 노선이 연장된다. 5개 노선은 ① 고양은평선(고양시청~새절역), ② 인천2호선 일산서구 연장(일산서구~인천서구), ③ 일산선 연장(대화~금릉), ④ 신분당선 서북부연장(삼송~용산), ⑤ 대장홍대신이다.

향후 이 계획대로 진행된다면 고양시에서 서울 및 수도권 남북권 방향으로의 출퇴근 교통 여건이 획기적으로 좋아질 것이다. 특히 GTX A노선이 완성되면 고양에서 서울역·강남역까지 출퇴근 시간이 20분 내외로 대폭 줄어들 것이다.

일산 테크노밸리

일산 테크노밸리는 GTX 킨텍스역 인근에 있다. 경기도와 고양시 도시관리공사가 시행자로, 총 850, 3582㎡ 부지에 차세대 첨단 ICT 기반 융복합산업과 방송영상 콘텐츠 산업을 유치, 총 1만 8,000개의 일자리를 창출한다는 계획이다.

CJ 라이브 시티

CJ 라이브 시티는 CJ ENM이 경기 고양시 장항동 한류월드 30만 2,265m²(약 10만 평) 부지에 1조 8,000억 원을 들여 국내 최대 규모의 한류 복합문화 단지를 조성하는 사업이다. 다만, 최근 건설경기 악화와 CJ그룹 자금난 등 악재가 겹치며 공사 진행이 지지부진한 상황이다.

라첼의 킨텍스역 임장노트

킨텍스역 인근에서는 입주 5년 차를 맞은 킨텍스원시티 아파트가 대장 아파트로, 현재 시세는 12~13억 원 정도다. 킨텍스원시티 아파트 85㎡의 5년 전 분양가는 5~6억 원 정도였는데, 현재 일산에 사는 사람들이라면 누구나 '그때 왜 사려고 하지 않았을까?' 하며 속으로 가장 후회를 많이 하는 아파트 단지 중 하나다. 킨텍스역 오른편에 있는 포레나 킨텍스 아파트는 2023년 말 기준 10~11억 원대에 가격이 형성되어 있다.

오피스텔 중에는 '힐스테이트 일산'과 일산 더샵그라비스트가 있는데, 시세는 2023년 말 기준 6~6.5억 원 정도에 형성되어 있다. 오피스텔인지라 전용 면적이 작고, 아파트와 대비해 가격이 많이 오르지는 않은 편이다.

〈 GTX 킨텍스역 인근 주요 아파트 시세〉

출처 : 네이버페이 부동산

대곡역 - 고양시 최고의 지하철 환승요지

고양시에서 대곡역은 입지상으로는 수도권 순환도로의 일산 IC와 고양종합 버스터미널 등이 인접해 있기에 향후 킨텍스역과 함께 양대 역세권으로 부상할 만한 상당한 잠재력을 갖추고 있다.

개인적 소견으로는 대곡역의 입지가 킨텍스역보다 더 나아 보인다. 대곡역은 일산동구·서구와 덕양구의 정중앙에 위치해 있고 서울과 더 인접한 옆세권이며, 지하철 3호선·경의중앙선·서해선이 교차하는 트리플 역세권이다. 향후 GTX A·교외선까지 들어설 경우, 무려 5개 역이 정차하는 퀸터플 역세권이 된다.

〈퀸터플 역세권이 될 고양시 대곡역〉

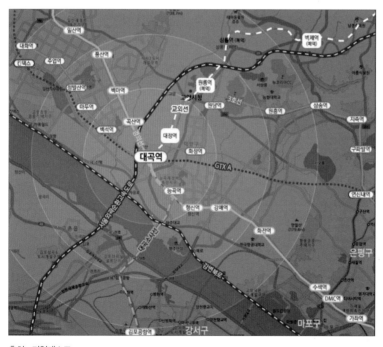

출처 : 리얼캐스트

고양시가 왜 대곡역을 킨텍스역보다 더 중점적으로 개발하지 않았을까? 아마 대곡역 주변이 대부분 그린벨트지역이라 인프라 구축에 상당한 시간과 재원이 소요되기 때문인 것으로 판단된다.

대곡역에는 복합환승센터가 들어온다. 고양시는 약 180만㎡ 부지에 약 1조 9,000억 원을 들여 첨단지식산업시설과 주거·업무·숙박·컨벤션 등의 편의시설을 갖춘 대규모 복합환승센터로 개발할 예정이다.

〈대곡역세권 개발사업 조감도〉

출처 : 고양도시관리공사

참고로 고양시에서 1기 신도시인 일산이 들어설 당시 덕양구 일대는 구도심으로 일산보다 부동산 시세가 낮았다. 그러나 서울 북부권과 연접한 삼송·원흥·지축·덕은·향동 등 신규 택지지구가 잇달아 개발되자 지금은 오히려 덕양구부동산 가격이 일산을 능가하고 있다.

〈고양시 덕양구 지역 분석〉

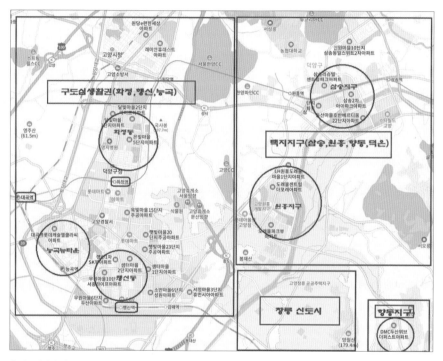

출처 : 네이버 지도

특히 3기 신도시인 창릉 신도시가 발표되면서 기존 구도심 지역(화정·행신·능곡·원당) 부동산 가격까지 연쇄 급등하는 양상이다. 특히 덕양구에서 대곡역세권개발 사업의 최대 수혜는 이미 입주 완료된 택지개발지구(지축·삼송·원흥·향동·덕은) 못지않게 기존의 낙후되었던 구도심지인 능곡뉴타운이 받을 것으로 예상된다.

현재 대곡역 일대는 대부분 개발제한구역으로 묶여 있기에 최대 수혜는 인근 능곡뉴타운과 백석역 일대가 받을 것으로 보인다. 단지 규모로 볼 때는 능곡 2구역과 5구역이, 역세권으로는 1구역과 6구역이 가장 알짜 단지로 보인다.

〈능곡뉴타운 구역별 현황 지도〉

출처 : 〈고양신문〉

능곡 1구역은 토당동 271-4번지 일대 약 4만 753.2㎡(약 1만 2,000평) 부지로 대곡역과 가장 인접해 있다. 두산건설이 시공한 '대곡역 두산위브' 아파트로 총 8개동 643세대와 오피스텔 48실이 2023년 1월 준공을 하고 입주했다. 대곡 역세권 개발의 최대 수혜 단지로 2023년 말 현재 시세는 34평 기준 8억 원 정도에 형성되어 있다.

능곡 2구역은 사업시행인가까지 났고 관리처분인가를 준비 중이다. GS건설과 SK건설이 시공사로 선정되었고, 지하 5층 지상 36층 높이 총 25개 동 2,933세대 규모로 건립될 예정이다.

능곡 3구역은 현재 존치정비구역에서 재정비촉진구역으로 변경하는 것을 검토 중이다. 능곡 4구역과 능곡 7구역은 지난 2017년 9월 각각 촉진지구에서 제척되었다.

능곡 5구역은 토당동 402번지 일대를 재개발하는 사업으로 2023년 5월에 관리처분인가까지 났고 현재 이주·철거작업이 진행 중이다. 현대산업개발과 대림산업개발 컨소시엄이 시공사로 선정되었고, 지하 3층, 지상 34층 총 21개 동 2,500세대 규모의 대단지가 들어선다.

능곡 6구역은 경의중앙선·서해선 더블역세권인 능곡역과 인접한 상업구역으로 자족 기능을 포함한 사업시행계획을 다시 수립하는 중인데, 현대건설·우미건설·동양건설이 시공사로 총 2,502세대 규모다.

창릉역 - 창릉은 3기 신도시의 선두주자!

1기 신도시는 1989년 노태우 정부가 폭등하는 집값을 안정시키기 위해 발표했다. 당시 서울에서 20km 정도 떨어진 분당·일산·중동·평촌·산본 등 5개의 신도시 건설계획을 추진했고, 1992년 말 이후 총 117만 명이 거주하는 29만 2,000가구의 대단위 주거 타운으로 탄생했다. 1기 신도시 정책의 성공으로 지난 1985년 69.8%까지 떨어졌던 주택보급률은 1991년에 74.2%로 올라 주거 안정에 상당한 효과를 거두게 되었다.

순위	신도시	면적	계획인구	가구수	최초 입주
1	일산	15.7km²	27만 6,000명	6만 9,000가구	1992.09.
2	중동	5.4km²	16만 5,688명	4만 1,422가구	1993.02.
3	평촌	5.1km²	16만 8,188명	4만 2,047가구	1992.03.
4	산본	4.3km²	17만 명	4만 2,500가구	1992.04.
5	분당	19.6km²	39만 320명	9만 7,580가구	1991.09.

출처 : 한국토지주택공사

3기 신도시는 2018년 9월 문재인 정부가 수도권 주택 공급 확대책으로 발표했다. 과천지구(7,000호)를 시작으로 남양주 왕숙지구(6만 8,000호), 하남 교산지구(7만 8,000호), 인천 계양지구(1만 7,000호)를 연이어 발표했다. 특히 남양주 왕숙지구는 인근의 별내·다산 신도시를 능가하는 거대한 신도시로 기획되었다.

2019년 초에 문재인 정부는 다시 고양 창릉지구와 부천 대장지구 공급을 발표했다. 부천 대장지구와 인천 계양지구는 수도권순환고속도로를 끼고 좌우에 위치해 사실상 하나의 지구라고 봐야 한다. 고양 창릉지구에는 대곡 역세권과 가까운 총면적 8.1㎢의 부지에 약 3만 8,000호를 공급하겠다고 발표했다.

그러나 3기 신도시 정책이 발표되었음에도 서울시의 주택 가격은 상승한 반면에 경기도에서는 김포한강·파주운정 등 2기 신도시의 부동산 가격이 냉각되는 현상이 발생했다. 일산 주민들은 고양 시내 주택 공급 과잉을 우려하며 3기 신도시 지정 해제를 촉구하는 집회를 연이어 열며 시위를 계속했다.

순위	신도시	면적	계획인구	가구수	최초 입주
1	인천계양	3.3㎢	3만 9,000명	1만 7,000가구	2026.
2	부천대장	3.4㎢	4만 3,000명	2만 가구	2029.
3	고양창릉	8.1㎢	8만 3,000명	3만 8,000가구	2029.
4	남양주왕숙	11.3㎢	15만 8,000명	6만 8,000가구	2028.
5	하남교산	6.5㎢	7만 8,000명	3만 3,000가구	2028.

출처 : 한국토지주택공사

고양 창릉 신도시와 같은 3기 신도시는 그간 1기·2기 신도시에 부족했던 자족 기능을 대폭 보완하는 형태로 설계된다. 일산 등 1기 신도시들은 당시 서울의 폭발하는 인구 집중을 막기 위해 건설되었기에 일자리보다 주택 공급에 방점을 두었고, 결국은 일자리가 있는 서울 중심지로 출퇴근하는 직장인들의 베드타운으로 전락하게 되었다.

2023년 말에 원희룡 전 국토교통부 장관이 3기 신도시인 창릉지구에 주택 공급을 늘리겠다고 발표하자 일산 신도시 주민 상당수가 극렬히 반대한 전례가 있다. 고양시 전체적으로 볼 때 1기 신도시인 일산은 30년 된 구축 아파트가 대부분인지라 통합 재건축이 신속히 진행되지 않는다면, 직주근접에 자족 기능을 갖춘 3기 신도시 창릉지구로의 쏠림 현상은 더 가속화될 것이다.

〈3기 신도시 위치〉

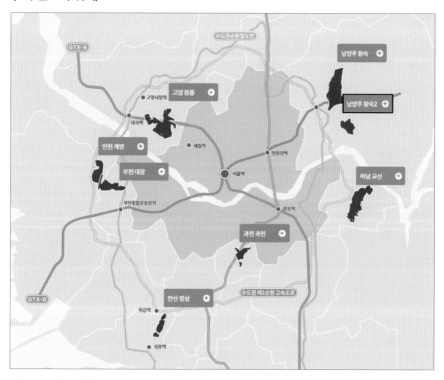

출처 : www.3기신도시.kr

TIP. 일산은 왜 분당과 집값 차이가 벌어졌을까?

일산은 한때 '천하제일 일산'이라고 칭해질 정도로 1990년대 1기 신도시의 선두주자였다. 필자가 운영하는 학원 수강생 중에서도 마포, 목동, 강남 등지에서 살다가 20여 년 전에 이사하신 분들이 있는데 이구동성으로 "이제 서울 집값이 너무 올라 다시는 돌아갈 수는 없다"라고 한탄 조로 말씀하시는 분들이 많다. 반면, 분당은 '천당 아래 분당'이라고 칭해질 정도로 1기 신도시 중 가장 성공적인 신도시의 전형으로 불리고 있고, 이미 일산 아파트와의 가격 격차도 2~3배 이상 벌어져 있는 상태다.

그렇다면 무엇이 일산과 분당 간의 집값 격차를 늘린 것일까?

첫째는 교통이다. 일산은 지하철 3호선과 경의선이 도심을 관통하고 있는데, 강남 접근성 면에서 분당과 차이가 크게 난다. 지하철 3호선은 삼송역을 돌아 연신내역 등 서울 북부권역을 다 거쳐 가며 강남으로 진입하기에 지하철 접근성이 분당보다 훨씬 떨어진다. 반면 분당은 신분당선 개통 이후 강남 진입이 획기적으로 쉬워졌기에 신도시 중에 강남과의 일체감이 가장 강한 신도시다. 신도시 초기에 분당으로 이주했던 상당수 강남 부자들도 거주 여건에 만족하며 살고 있다.

둘째는 일자리다. 분당은 인근에 판교 신도시가 들어서면서 알파돔시티, 판교 제1, 제2, 제3테크 노밸리가 잇달아 들어올 정도로 첨단 IT 업종의 요람으로 탈바꿈하고 있다. 카카오, 네이버, 엔씨 소프트 등 청년층이 가장 선호하는 좋은 일자리 기업들이 포진해 있다. 반면 일산은 전형적인 베드타운으로 크게 내세울 만한 대기업들이 보이지 않는다. 다만 30여 년 된 오래된 신도시인지라 고령층이 많아 국립암센터, 차병원, 일산병원, 명지병원 등 병원 인프라는 좋은 편이다.

셋째는 학군이다. 일산은 오마중학교, 정발중학교 등 중학교까지는 학군이 양호한 편이나 고등학교 이후부터는 분당과 비교 대상이 아니다. 다만 고양국제고와 고양외고 등 인문계 고등학교가 강세이며, 식사지구가 들어오면서 저현고의 서울대 합격률이 높아지면서 명문학군으로 발돋움하고는 있으나 분당의 학군과는 차이가 크게 난다.

일산서구의 후곡마을 학원가와 일산동구의 백마마을 학원가가 양대 명문학원가이지만 이미 대치 학원가와 맞먹는 분당의 서현동, 수내동, 정자동 일대 학원가들과는 학력 격차가 많이 난다. 1기 신도시 중 평촌의 집값이 일산을 넘어선 이유 중 하나로 학군의 차이를 많이들 거론한다. 평촌의 범계역 일대 학원가는 분당 못지않은 맹모들의 명문학원가로 유명하며, 이는 부동산 가격에도 반영된다.

• •

성남역 - GTX 성남역과 판교 신도시

참여정부 당시 2기 신도시로 개발한 판교는 경부고속도로·수도권 외곽순환고속도로·용서고속도로·제2경인고속도로 등을 통해 수도권과 서울 중심부로 이동이 편리한 도로교통의 요충지에 입지해 있다. 2기 신도시 중 가장 성공한 신도시로 평가받는 판교에는 IT·BT·CT 등 첨단산업군으로 대표되는 기업들이 자리를 잡고 있다. 판교 신도시의 주요 교통망을 살펴보면, 판교역은 신분당선을 통한 강남-판교, 경강선-판교, 판교-여주 구간의 환승역으로 일 평균 유동인구가 10만 명을 상회한다.

판교 테크노밸리 입주기업의 임직원은 총 6만 3,050여 명으로 이 중에 30대가 46.52%를 차지할 정도로 젊은 직원들이 많다. 판교에 입주한 기업들의 총매출액은 무려 87조 5,000억 원에 이른다. 판교 신도시는 젊은 세대들이 많이 거주하는 경제도시로 크게 동판교와 서판교로 구분된다. 이 중에 집값이 가장 비싼 곳은 동판교로서 특히 판교역 인근 아파트들이 가장 비싸다.

판교 신도시의 주요 일자리는 판교 테크노밸리와 알파돔시티에 있고, 제2 판교 테크노밸리, 제3 판교 테크노밸리 조성공사가 진행 중이다. 제2테크노밸리는 성남시 시흥동과 금토동 일대 43만㎡ 규모로 조성 중이며, 제3테크노밸리는 금토동 일대에 58만 3,581㎡ 규모로 조성 중이다. 다만 판교 역세권인 제1테크노밸리와 달리 제2테크노밸리와 제3테크노밸리는 다소 외진 곳에 위치해 교통망과 연계해서 개발되지 않았다는 점이 다소 아쉽다.

〈판교 테크노밸리와 판교역 위치〉

출처 : 한국토지주택공사

　판교를 제외한 2기 신도시들 대부분이 서울 중심부에서 30km 외곽에 위치해 전형적인 베드타운으로 전락한 사례가 많은 데 비해, 판교는 사통팔달의 뛰어난 교통입지와 4차 산업혁명 시대 대표 일자리 기업들이 포진해 있다는 점에서 가장 성공적인 신도시로 인정받고 있다.

　판교는 강남 접근성이 우수하고, 젊은 우수인력들을 유입시킬 수 있는 벤처기업들이 많아서 앞으로도 부동산 가격 상승은 계속될 것으로 보인다.

　필자도 10여 년 전 판교에 2년 정도 거주한 적이 있다. 입주 초기만 해도 공사장 모래바람이 날리고, 교통 사정이 안 좋아 전세 가격이 급락했는데, 어느덧 판교는 경기도 최고의 입지로 인정받고 있다.

라첼의 성남역 임장노트

GTX 성남역은 판교역과 이매역 중간지점에 생길 예정이어서 이매동 아름마을(선경 6단지·효성 7단지·풍림 5단지) 아파트들과 동판교(봇들마을 금호어울림·휴먼시아 2단지) 아파트들이 수혜를 볼 전망이다.

특히 이매동 아름마을 단지들은 10여 년 전만 해도 바로 옆에 위치한 분당–수서 간 도로에서 발생한 분진 등의 영향으로 그리 인기 있는 아파트 단지는 아니었다. 그런데 분당–수서 간 도로 복개화 작업(1.6km 구간)으로 상부가 공원으로 바뀌고 동판교까지 도보로이동이 가능해지면서 아파트 시세가 급등하고 있다.

〈GTX 성남역 인근 호재 아파트〉

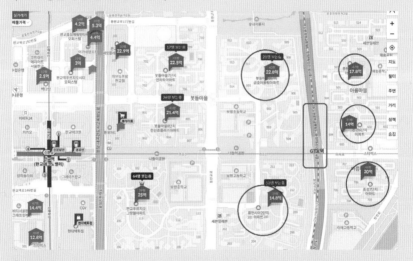

출처 : 호갱노노

용인역 – 용인 플랫폼시티와 반도체 산단

용인은 남사면과 처인구 일대에 삼성전자의 시스템 반도체 공장 건설계획 발표와 SK하이닉스의 반도체 공장 건설 등으로 상당한 반도체 일자리 수요가 예상되는 도시다.

용인시도 이에 발맞춰 지하철·고속도로·GTX가 교차하는 GTX A 용인역 인근에 2029년까지 총사업비 5조 9,646억 원을 들여 약 275만 6,853㎡ 부지에 복합자족도시인 '용인 플랫폼시티'를 조성할 예정이다.

서울·분당 등 원거리에서 출퇴근해야 하는 반도체 고급인력들이 일자리와 가까운 곳에 훌륭한 주거단지뿐만 아니라 여가를 함께 즐길 수 있는 카페·노래방·미술관 등 서울 못지않은 문화·생활 인프라가 한 곳에 갖춰진 경제 중심의 복합 신도시를 구축한다는 발상이다.

GTX 용인역은 강남의 미래업무지구 삼성역까지 통근 거리가 불과 16분밖에 안 된다. 즉, GTX A노선 개통 시 삼성역과 수서역, 판교, 용인, 동탄은 출퇴근 시간 20분 안쪽의 첨단산업 벨트가 구축될 전망이며, 자연스레 부동산 가격도 동반 상승할 확률이 높다.

라첼의 용인역 임장노트

현재 GTX 용인역 개통 시 'e편한세상 용인역플랫폼시티' 아파트가 대장 아파트(2024년 4월 입주)로 이 일대에서 가격 상승률이 가장 높다. 2023년 11월 현재 34평 기준 시세는 11억 7,000만 원 정도다.

이외 연원마을 벽산 아파트와 LG 아파트, 삼거마을 래미안 아파트, 용화마을 태영데시앙 아파트 등도 수혜를 받을 아파트 단지로 보인다.

〈GTX 용인역 인근 호재 아파트〉

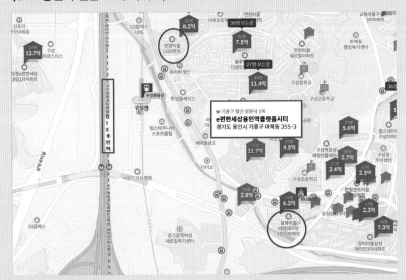

출처 : 호갱노노

TIP. 반도체 산업이란?

● ●

1992년 이후 한국을 대표하는 산업은 반도체다. 현재 반도체 산업은 우리나라 총수출의 20%에 달할 만큼 가장 중요한 포션을 차지하고 있다. KDI(한국개발연구원)에 따르면, 반도체 수출 물량이 10% 감소 시 우리나라 GDP는 0.78% 감소하며 민간 소비는 0.22% 감소한다고 한다.

〈KDI 최근 반도체 경기 흐름과 거시경제적 영향(2023. 5. 10)〉

한국수출에서 반도체 수출이 차지하는 비중 (단위 : %)

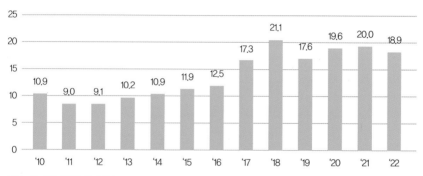

출처 : 관세청, 산업통상자원부

삼성전자와 SK하이닉스의 전 세계 D램 시장 점유율은 2022년 4분기 기준 각각 45.1%, 27.7%에 달한다. 사실상 전 세계 메모리 시장을 석권한 이 회사들은 이제 반도체 비메모리 분야 시장 점유율 확대를 위해 과감한 투자에 나서고 있다. 비메모리 반도체는 메모리 반도체보다 다품종 소량생산 방식으로 제조되는데, 미국 인텔과 대만 TSMC 등이 주력업체로 시장 점유율을 독식하고 있다. 삼성전자는 2040년까지 용인 등지에 약 300조 원을 투자해 한국에 세계 최대의 시스템반도체 단지를 조성할 예정이다.

현재 미국, 중국, 일본, 대만, EU 등 전 세계 주요국들은 설계-제조-패키징으로 분화된 반도체 가치사슬을 자국 내에 안정적으로 구축, 미래 국가안보의 핵심인 반도체 주도권 확보 경쟁에 집중하고 있다.

반도체 공장은 주로 수원, 화성, 용인, 평택 등 수도권 남부에 집중적으로 배치되어 있다. 반도체 산업 특성상 이들은 수도권 남부 일원에서 거대한 도시 단위의 산업클러스터를 형성하고 있으며,

당분간 대한민국 부동산의 중심축도 고급 일자리가 포진한 이들 수도권 남부권역을 중심으로 형성될 수밖에 없다.

국토교통부의 제4차 국토철도망계획을 찬찬히 살펴보면, 2040년까지 반도체 공장이 입지한 수원, 동탄, 화성, 평택 등지에 KTX, SRT, GTX 등 주요 고속철도망이 계속해서 개통될 예정임을 확인할 수 있다.

최근 윤석열 정부는 용인·평택을 비롯한 전국 7곳을 국가 첨단산업전략 특화단지로 지정하고 2042년까지 민간 투자 총 614조 원을 뒷받침할 계획이라고 발표한 바 있다.

〈국가첨단전략 산업 특화단지〉

출처 : 산업통상자원부

이미 평택 지제역 인근의 40평대 아파트 가격이 서울 변두리 지역보다 높은 11억 원대를 상회하고 있고, GTX A 동탄역 인근의 아파트 가격은 20억 원을 상회하고 있다는 점은 교통망이 뚫리는 반세권(반도체+역세권) 부동산 가격 강세가 당분간 계속될 것임을 방증한다.

동탄역 - 수도권 남부 광역 교통거점

동탄역은 국내 최초의 고속철도 지하 역사로 지하 70m에 지하 6층 규모로 건설되며, SRT와 GTX A선은 지하 5층에 대합실을 운영하고, 지하 6층에는 각각의 승강장을 설치할 예정이다. 버스환승센터를 지하 3층에 배치해 GTX 및 SRT와 지하 중심의 연계를 강화하고, 지상 트램과는 수직 환승하는 방식으로 운영될 예정이다.

〈동탄역 복합환승센터 조감도〉

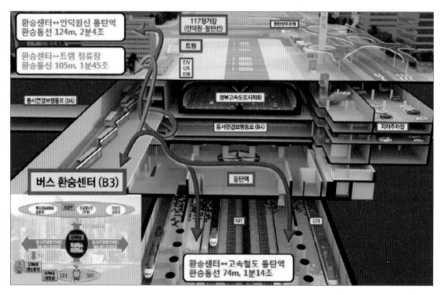

출처: 〈서울경제〉

동탄역은 현재 고속철도인 SRT와 신분당선이 운행 중이며, 향후 인동선(인덕원-동탄선)과 GTX A 및 트램 1, 2 등이 모두 완공될 경우, 5개 철도가 교차하는 퀸터플 역세권이 된다.

라첼의 동탄역 임장노트

"2023년 9월 SRT동탄역 인근의 '동탄역 롯데캐슬' 41평 아파트는 20억 원에 실거래되었다"라는 내용의 기사가 올라왔다. 이 정도 가격이면 강남을 제외한 서울의 웬만한 아파트보다 가격이 세다. 영어숙어 중에 'Wag the dog'이라는 말이 있다. 즉, GTX A노선 중 가장 외곽인 동탄역 일대 아파트가 서울 중심부인 서울역 일대 아파트보다 비싼 현상을 보이니, 어찌 보면 '꼬리가 몸통을 흔드는 격'이다.

〈GTX 동탄역 인근 호재 아파트〉

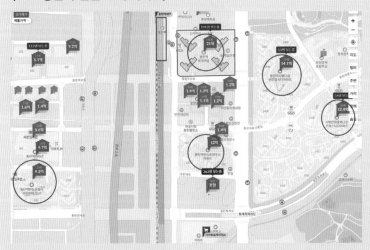

출처 : 호갱노노

2023년 말 현재 호갱노노에서 아파트 시세를 검색해보면, 동탄역 롯데캐슬 41평이 21억 원, 동탄역시범더샵센트럴시티 아파트 38평이 14억 원, 시범한화꿈에그린프레스티지 아파트 32평이 12억 원, 린스트라우스 아파트 34평이 12억 원 정도에 형성되어 있다.

도대체 왜 이렇게 동탄 아파트 가격이 비싼 것일까?

향후 퀸터플 역세권이자 광역복합환승센터가 들어설 동탄역에는 주상복합과 백화점, 멀티플렉스, 호텔, 컨벤션 등의 상업시설과 업무시설이 한자리에 몰려 있는 직·주·락 플랫폼이 구현된다.

또한, 동탄 1, 2 신도시 사이를 관통하는 경부고속도로는 지하화된다. 상부공간은 2026년까지 공원이 조성되며, 이 경우 동탄 1, 2 신도시는 사실상 하나의 동일 생활권이 된다. 화성시는 경부고속도로를 지하화하는 1.2km 구간의 상부에 '상징 공원'과 '교통광장'을 조성할 예정이다. 공원 면적은 총 9만 3,995m² 정도로 서울 마포구의 경의선숲길(8만여 m²)보다도 더 넓은 면적이다.

물론 수도권 외곽의 동탄이 반도체와 GTX 호재로 지나치게 급등한 면이 없지 않지만, 향후 대한민국 부동산 시장의 방향을 알려주는 사례가 아닐까? 일자리 있는 곳이 시세를 주도한다!

〈경부고속도로 지하화되는 동탄 광역환승센터〉

출처 : 국토교통부

GTX B

송도는 동북아 허브도시가 될 수 있을까?

1980년대 대한민국 경제가 고도성장을 거듭하자 김포공항은 국내·국제 항공 물류를 감당할 수 없을 정도로 과부하 상태가 되었다. 당시 노태우 정부는 인천 서해 해상의 영종도와 용유도 사이 바다를 메워 24시간 비행기 운항이 가능한 인천국제공항 건설 계획을 발표했다.

송도·영종도·청라는 바다와 항공 물류를 아우르는 국제관문도시 역할을 한다. 송도에는 포스코 그룹 계열사를 비롯해서 삼성바이오로직스·셀트리온·동아 쏘시오·코오롱·효성ITX 등 수많은 대기업과 녹색기후기금·세계은행 한국사무소 등의 많은 국제기구가 입주한 상태다.

홍콩의 허브 전략
홍콩 인구는 745만 명에 불과한데 연간 관광객 수는 6,500만 명을 넘어선다. 홍콩이 이렇게 관광의 메카가 된 이유는 무엇일까?

홍콩에는 세계적인 명품 매장들이 한 쇼핑몰 안에 모여 있는 데다 세금이 없기에 관광객들이 저렴하게 구입할 수 있다. 홍콩은 금융 산업 육성을 위해 낮은 세율과 간편한 행정절차를 추구해왔고, 자연스레 쇼핑 천국으로 탈바꿈했다. 또한 홍콩의 국제학교는 학비도 비싸지 않고 100% 영어로 수업이 진행된다.

홍콩 국제공항에서 급행열차인 '홍콩 익스프레스'를 타면 시내 중심까지 이동하는 데 단 25분이면 가능하다. 홍콩 공항에는 세계 주요 도시로 향하는 비행기가 다수 편성되어 있기에 국제 금융기관들이 홍콩을 선호할 수밖에 없다.

싱가포르의 허브 전략

싱가포르는 총 123개국 600개 항구와 연결된 세계 최대의 환적 항만을 보유하고 있다. 싱가포르 창이공항은 전 세계 90개국, 380여 개 도시를 잇는 항공 허브로 연간 6,500만 명이 다녀간다.

이 때문에 글로벌 기업들은 훌륭한 입지와 다양한 항만·항공시설이 있는 싱가포르에 지사를 두어 동남아 진출의 교두보로 활용한다.

싱가포르는 인도양과 태평양을 연결하는 말라카 해협의 교통 요충지에 있어 선박수리를 위한 최적의 입지에 있다. 싱가포르는 이러한 입지를 최대한 살려 세계적인 선박수리 산업과 해양 플랜트 산업을 꾸준히 성장시켜왔다.

과거 해적들이 들끓던 아시아의 가장 가난한 어촌이었던 싱가포르는 지리적 이점과 우수한 인적자원을 바탕으로 동남아에서 항공과 항만 교역 및 금융의 중심지인 국제 허브 도시가 되었다.

두바이의 허브 전략

두바이의 지도자였던 세이크 라시드(H.H. Sheikh Mohammed bin Rashid Al Maktoum)는 1986년 석유가 발견되었을 때 여타 중동 산유국들과는 다르게 석유 고갈 시대에 대비한 창의적인 아이디어를 바탕으로 두바이를 국제 허브 도시로 전면 탈바꿈했다.

두바이에는 세계 최고층 빌딩인 '부르즈 칼리파', 세계 최대 규모의 쇼핑몰인 '두바이몰', 세계에서 가장 비싼 호텔인 '부르즈 알 아랍' 호텔이 있고, 중동 최초의 실내 스키장, 세계 최대의 인공섬 등 다양한 건설 프로젝트를 통해 국제사회의 주목을 받아왔다. 이로 인해 해마다 더욱 많은 관광객들이 두바이로 몰려들게 되었다. 아랍에미리트의 1개 부족국가였던 두바이는 석유 고갈 시대를 대비해 높은 개방성과 창의성을 바탕으로 중동에 국제적 경쟁력을 갖춘 국제 허브 도시로 탈바꿈한 것이다.

사우디아라비아의 허브 전략 : 네옴시티

사우디아라비아가 '비전 2030' 정책의 일환으로 발표한 '네옴시티'는 석유종 말시대를 대비해 서울시의 약 43배 크기 신도시를 짓는다는 계획이다.

'네옴시티'는 자급자족 도시로, 길이 170km^{2}에 달하는 직선형 도시 '더 라인'을 비롯해 대규모 친환경산악단지 '트로제나', 바다 위에 떠 있는 팔각형 형태의 첨단산업단지 '옥사곤' 등으로 이루어져 있다.

사우디반도와 이집트 사이 총 2만 6,500km^2 규모로 지어지는 네옴시티는 총공사비 5,000억 달러(한화 650조 원)가 소요되는 인류 역사상 최대 규모의 건설

프로젝트다.

석유종말시대에 대비하고, 두바이를 능가할 역내 허브 중심국가를 꿈꾸는 사우디아라비아의 야심이 담겨 있는 프로젝트로 볼 수 있다.

송도 신도시 입체분석

송도는 동북아 비즈니스 중심도시 목표로 인천경제자유구역청(IFEZ) 주도하에 약 40조 원이 투입된 세계 최대 규모의 도시개발 사업이 진행되었다.

〈송도 국제신도시 단계별 개발계획〉

출처 : 인천경제자유구역청(IFEZ)

1990년대부터 본격적으로 시작된 상하이, 싱가포르, 두바이 등 국제 허브 도시의 개발사례를 토대로 2003~2020년까지 3단계에 걸쳐 인천 연수구와 남동구 앞 해안에 있는 여의도 17배 규모의 부지를 매립한 간척지에 도시를 개발했다. 간척지를 매립한 순서대로 1공구부터 11공구까지 나뉘어 조금씩 도시가 완성되는 중이다.

송도의 구역별 특징을 간략히 살펴보면 다음과 같다.

1공구·3공구는 국내 외국계 기업 및 국제기구 클러스터, 2공구는 R&D 클러스터, 4공구는 IT/BIO 클러스터가 형성되어 있다. 4공구는 삼성바이오로직스·셀트리온 등 유명 제약회사들이 대거 포진해 있다. 7공구는 글로벌 대학 클러스터로 인천대·연세대를 비롯해 뉴욕주립대·조지메이슨대·겐트대·유타대 등 국내외 명문대학교가 소재해 있다.

〈송도신도시 각 구역별 클러스터 현황〉

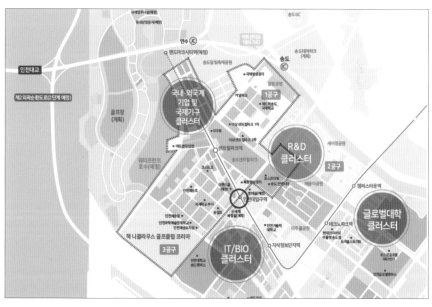

출처 : 송도국제도시개발유한회사(NSIC)

〈송도신도시를 관통하는 인천도시철도 노선〉

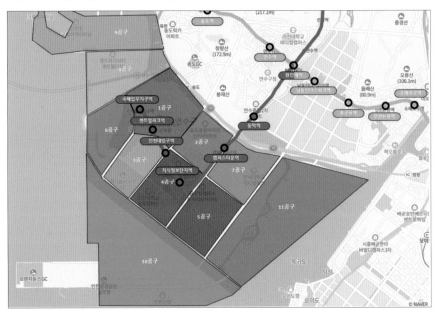

출처 : 송도국제도시개발유한회사(NSIC)

송도의 대표 지하철망은 인천도시철도 1호선이다. 7공구부터 4공구, 3공구, 1공구 국제업무지구역까지 송도 곳곳을 훑으면서 운행한다. 인천대입구역에 GTX B노선이 개통되면 송도에서 서울역까지 27분에 주파가 가능해 서울 접근성이 획기적으로 좋아진다.

송도 신도시를 해당 공구별로 더욱 자세히 살펴보자.

1공구에는 채드윅 국제학교가 있다. 유치원부터 고등학교 과정까지 있고, 학비만 연 1억 원 정도 든다. 대치동까지 셔틀버스가 운행되기에 강남 부자들이 자녀들을 보내기도 한다. 포스코 자사고라는 명문고가 있어 포항공대를 비롯해 명문대 진학에 유리하다. 송도 신도시 입주 초기부터 채드윅 국제학교 주변 상가에 학원가가 잘 형성되어 있다. 송도의 중학교 학업 성취도는 인천뿐만 아니라 전국 최고 수준이다. 인천 내 학군 중 가장 우수해 자녀의 초·중·고등학교 기간 동안에 전세 거주를 희망하는 수요가 많아 아파트 전세가격이 높은 편이다. 대장 아파트는 주상복합인 송도센트럴파크 푸르지오다. 또한 송도더샵그린워크, 송도더샵하버뷰, 송도더샵그린에비뉴, 송도더샵엑스포 등의 아파트가 선호도가 높다.

2공구는 1공구와 거의 비슷한 시기에 형성되었기에 비교적 오래된 아파트들이 많다. 풍림아이원, 금호어울림, 성지리벨루스, 한진해모루 아파트 등 중견 건설사 브랜드가 많다. 신송초등학교, 신송중학교, 신송고등학교 등 송도 입주 초기에 개교한 학교들이 많아 나름대로 전통이 있다. 해돋이공원, 새아침공원이 있어 산책하러 나가기도 좋다. 대장 아파트는 주상복합인 더샵퍼스트월드로 2009년에 입주했고 총 64층 높이라 거실 전망이 환상적이다. 2공구 내에서는 GTX 인천대입구역과 가장 가까워 투자 가치도 높다.

학원도 1공구와 2공구 사이의 상가들에 집중되어 있기에 자녀 교육여건도 매우 좋은 편이다. 종합전시장인 켄벤시아가 있어 각종 전시회·과학대전·글로벌포럼 등 많은 행사가 개최된다.

3공구에는 GTX 인천대입구역이 들어올 예정이어서 가장 선호되는 구역이다. 코스트코·커넬워크 상가 등 각종 편의시설이 발달되어 있고, 센트럴파크 공원이 있어 산책하러 나가기도 좋다. 대장 아파트는 더샵퍼스트파크다. 2017년에 입주한 최고 44층 높이 총 1,233세대 아파트로, 117m² 기준 매매가격이 2023년 말 현재 11~12억 원 정도다.

4공구에는 인천대학교 송도캠퍼스와 셀트리온 등 바이오클러스터가 형성되어 있다. 해송초등학교, 해송중학교, 해송고등학교가 있고 웰카운티 1·2·3·4단지가 대표 아파트다.

5공구에는 송도 최대 상권인 송현아(송도현대프리미엄아울렛)와 송트스(송도트리플스트리트) 및 홈플러스가 있어 쇼핑하기에 좋다. 또 뉴욕주립대학교 캠퍼스·인천가톨릭대학교·인천재능대학교 캠퍼스가 소재해 있고, 삼성바이오로직스 등 많은 기업이 포진해 있어 인근 아파트들은 직주근접으로 인기가 좋다.

대장 아파트는 글로벌캠퍼스 푸르지오(1,703세대)로 47평 기준 9억 원 정도다. 이 외 공원과 인접한 송도글로벌파크베르디움(1,153세대)·송도에듀포레푸르지오(1,406세대)·송도센트럴시티(2,610세대)·송도더샵그린스퀘어(1,516세대)·송도베르디움더퍼스트(1,834세대) 등 5개 단지는 34평 기준 8억 원대 시세를 형성하고 있다.

6공구는 인천타워·아이코어 등 미개발 부지가 많고 분양이 계속 진행 중인 지역이다. 입지상 바다 전망과 워터프런트 뷰가 좋다. 아직 분양이 진행 중이라 교통 기반시설과 상권은 매우 부족한 편이다. 현송초등학교와 현송중학교가 있고 고등학교는 아직 없다. 주요 아파트는 힐스테이트레이크 1·2·3·4차 아파트가 있고 34평 기준 7~9억 원대에 형성되어 있다. 대장 아파트는 힐스테이트레이크 4차 아파트로, 2025년 7월 입주 예정인 신축이라 가격이 가장 높은 9억 원대다.

7공구는 캠퍼스타운역 오른쪽에 위치해 있고, 연세대학교 국제캠퍼스와 인천대 글로벌캠퍼스 및 겐트대학교 글로벌캠퍼스 등이 있는 전형적인 대학교 타운이다. 송도롯데캐슬캠퍼스타운·송도아메리칸타운더샵·송도아메리칸타운아이파크 아파트 등이 역세권 아파트로, 시세는 34평 기준 8억 원대에 형성되어 있다.

8공구는 송도에서 제일 늦게 개발되어 기반시설이 다소 부족하지만, 신축 아파트가 많다. 대장 아파트는 더샵송도마리나베이 아파트로 서해 바닷가 바로 옆에 있어 거실에서 바라보는 바다 조망이 끝내준다.

송도오션파크베르디움, 랜드마크시티센트럴더샵 등 대부분 신축 아파트로, 34평 기준 6~7억 원대다.

라첼의 송도역 임장노트

GTX B 송도역은 인천대입구역 자리에 들어서며 광역복합환승센터로 조성될 예정이다. 인천경제자유구역청은 GTX B 노선을 기반으로 대중교통 중심의 환승 체계를 구축해 롯데·신세계·이랜드 등의 상업시설을 인천스타트업파크와 연계할 방침으로 있다.

그렇다면 GTX B 노선 개통 시 수혜 아파트는 어디일까? 그간 송도 신도시의 최대 취약점은 강남 등 서울 중심지로부터 너무 멀리 떨어져 있어 출퇴근 시 1시간 30분 이상 걸린다는 점이었다. 만약 GTX B 송도역이 개통된다면 서울역까지 27분 정도면 도달하기에 인천지하철 1호선 역사가 위치한 센트럴파크역·캠퍼스타운역 등등 주변의 아파트가 모두 혜택을 받게 될 것이다.

물론 최대 수혜 아파트는 GTX B 역사가 될 인천대입구역 인근의 '송도더샵퍼스트파크, 송도SK뷰센트럴 아파트' 등일 것이다.

〈GTX 송도역 인근 호재 아파트〉

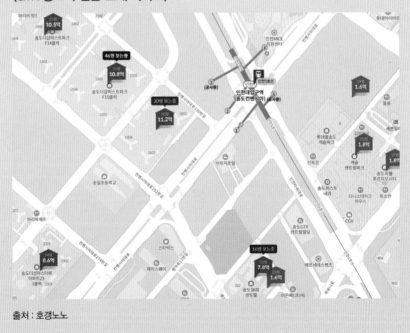

출처 : 호갱노노

영종도는 어떻게 국제공항이 되었나?

한국의 첫 공항은 여의도였다. 여의도는 일제강점기 시절 공군기지 및 훈련장으로 사용되었고, 해방 후인 1953년 한국의 첫 국제공항이 되었다. 이후 1958년에 김포공항이 완성되었으나 이내 급속한 경제 발전과 점증하는 해외여행객으로 김포공항은 국내·국제 항공 물류를 감당할 수 없을 정도가 되었고, 1960년대 말이 되자 김포공항을 대체할 신공항 건설 여부가 정부의 주요 국책 과제로 대두했다.

당시 정부는 1969년에 신공항에 대한 1차 타당성 조사를 시작했고, 인천 서해 해상에 자리한 영종도와 용유도 사이 바다를 메워 인천국제공항을 건설하겠다는 계획을 세우게 되었다.

그리고 노태우 정권에 들어와 1992~2000년까지 1단계 건설과정을 거쳐 2001년 3월에 영종도 인천국제공항이 개항하게 되었다. 당시 간석지를 매립한 부지 규모는 여의도 면적의 18배에 달할 정도로 엄청난 대역사였으며, 1단계 건설 사업비로만 무려 5조 6,323억 원이 소요되었고, 2002~2008년까지 이어지는 2단계 건설 사업에는 3조 원 이상의 예산이 투입되었다.

〈일제강점기 시절 여의도 공항〉

출처 : 위키백과

청라 부동산은 왜 송도만큼 비싸지 않을까?

청라는 2003년 동북아 허브 도시를 목표로 송도·영종과 함께 개발된 신도시다. 그런데 왜 청라는 송도만큼 부동산 가격이 높지 않을까?

먼저 청라 신도시의 연혁을 살펴보자.

청라 신도시는 총 17.8km²(538만 평)의 부지에 금융·레저 중심도시를 목표로 2003년부터 조성되었고, 2030년까지 개발될 예정이다.

〈인천경제자유구역 3개 신도시 위치 및 철도·도로망〉

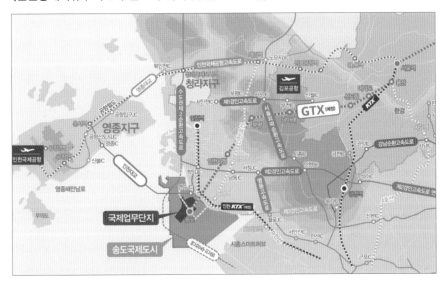

출처 : 송도국제도시개발유한회사(NSIC)

애초에 송도의 개발 방향은 '비즈니스 IT·BT' 중심지인데 현재 포스코 그룹 및 셀트리온·삼성바이오로직스 등 수많은 제약업체가 송도에 입주해 대한민국 유일의 거대 바이오 클러스터를 형성한 것을 보면 어느 정도 소기의 개발 목표를 충족했다고 볼 수 있다.

반면 개발 초기 국제 금융·유통 중심지를 표방했던 청라 신도시에는 현재 하나금융그룹 외에 마땅한 대기업이 보이지 않는다. 또한 국제 금융 중심지라는 청라 신도시의 개발 목표가 이미 국제 금융 중심지로 성장 중인 여의도와 배치되는 측면도 있다. 국제 금융기관이라면 서울 중심인 여의도에 들어올까? 청라 신도시에 들어올까?

30여 년간 형성된 일산과 분당의 부동산 가격 차이에서 보이듯이, 특정 도시의 부동산 가격이 올라가려면 먼저 양질의 일자리가 많이 들어와야 한다. 분당은 판교 신도시가 들어오면서 판교 테크노밸리에 첨단 IT업체들이 많이 입주하면서 덩달아 아파트 가격도 급등했다. 반면에 일산은 대기업들이 만드는 양질의 일자리가 없는 전형적인 베드타운으로 전락해 지하철 3호선은 서울 광화문·강남 등 중심업무지구로 출퇴근하는 직장인들로 늘 혼잡하다. 좋은 일자리가 많은 자족도시가 되지 않으면 부동산 가격 급등은 어렵다. 청라와 송도를 관통하는 주요 교통망을 살펴봐도 차이가 크게 난다.

송도 신도시에는 인천도시철도 1호선이 시내 곳곳을 누비고 GTX B 광역급행철도까지 들어오면 서울역까지 27분이면 도달할 수 있다. 또한 인근 KTX 송도역을 통해 전국 주요 도시까지 2시간 내 이동이 가능하다. 2027년에는 광역급행철도인 월곶-판교선이 개통되면 수인선을 통해 판교까지 30분이면 이동 가능하다. 반면 청라 신도시에는 이러한 철도교통망 호재가 보이지 않는다. 다만 지하철 7호선 연장공사가 진행 중이며 2027년경 완공될 예정이다.

결론적으로, 일자리와 지하철 교통의 차이가 송도와 청라의 부동산 가격 차이로 이어졌다. 다만 청라 신도시의 장점은 쾌적성과 발전 가능성에 있다.

청라 신도시는 업무·주거·상업지구 등 도시 기반시설이 커낼웨이와 중앙호수공원 주위로 질서 정연하게 잘 형성되어 있어 번잡하지 않으면서도 매우 쾌적하다. 또한 당초 계획된 청라 신도시 개발안대로 이행된다면 청라 신도시 부동산에도 급등할 호재가 많다.

〈GTX D 예상 노선도〉

출처 : 〈포커스인천〉

첫째, 최고 448m 높이로 짓는 '청라시티타워'의 착공 여부다. 국내 최고층으로 건립되는 전망 타워인 만큼 상해 푸동지구의 동방명주나 상하이 타워처럼 도시의 랜드마크 역할을 할 것이다.

둘째, 2027년경 '청라 스타필드' 개장이다. '청라 스타필드'는 총 16만 5,000m²의 부지에 랜더스 야구단 돔구장이 조성될 예정인데, 하남 스타필드 사이즈에 버금가는 최대 규모로 조성된다.

셋째, '청라 의료복합타운' 건립이다. 약 28만m²의 부지에 2조 4,040억 원을 투입해 800 병상 규모의 종합병원과 의료바이오 업무시설·상업시설·오피스텔을 조성하는 사업이다. 현재 서울아산병원이 우선협상 대상자로 선정되었다. 인구 10만여 명의 청라 신도시에 대형병원이 없다는 점을 감안하면 상당한 호재다.

넷째, 현재 하나금융그룹 통합데이터센터가 청라에 들어와 있으며, 첨단산업단지에 IT·자동차·로봇·신소재·R&D 기업들이 입주 중이다.

다섯째, 교통망 호재다. 2027년경 지하철 7호선 연장 개통 외에도 GTX D노선이 Y자형인 영종도-청라-작전-부천종합운동장 라인으로 채택된다면, 청라 부동산에 상당한 파급 효과를 미치게 될 전망이다.

부평역 – 부평역 일대 관심 아파트는?

부평역 일대는 노후화된 빌라들이 많다. 대장 아파트 신축은 '부평역 한라비발디 트레비앙' 아파트와 '부평 SK뷰 해모로' 아파트가, 구축은 '부평 래미안' 아

〈4개 철도노선이 교차예정인 부천종합운동장역〉

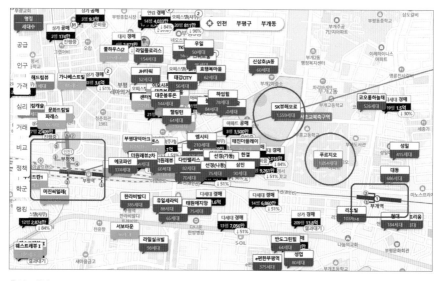

출처 : 아실

파트와 '부개역 푸르지오' 아파트 정도다. '부개역 푸르지오'는 2010년도에 준공된 아파트로 단지 안에 실내수영장·골프연습장 등 커뮤니티 시설이 잘되어 있어 인기가 좋다.

신규 입주 단지로는 '부평역 한라비발디 트레비앙' 아파트와 '부평 SK뷰 해모로' 아파트가 있다. '부평역 한라비발디 트레비앙'은 2023년 1월에 입주한 신축 아파트로 총 385세대 규모다. 단지 규모는 크지 않지만 부평역 바로 옆에 있어 GTX 개통 시 최대 수혜를 받을 것으로 보인다. 시세는 2023년 말 기준 34평이 5억 원 중반대다. '부평 SK뷰 해모로' 아파트는 2022년 12월에 입주한 단지로 총 1,559세대 대단지 아파트다. 시세는 2023년 말 기준 34평이 6억 원 정도다.

부천종합운동장 - 수도권 서남부의 관문

부천종합운동장역은 현재 지하철 7호선과 서해선이 운행 중이다. 향후 GTX B노선·GTX D노선까지 운행될 경우, 쿼드러플 역세권이 된다. 또한 3기 신도시로 지정된 부천 대장지구와 인천 계양지구가 완성되면 부천종합운동장역은 서울로 가는 출퇴근길의 핵심 관문이 된다.

부천시는 부천종합운동장역을 삼성역이나 청량리역과 같은 복합환승센터로 개발, 수도권 서부지역의 활성화 거점으로 육성할 방침이다. 부천시는 LH와 함께 종합운동장 일원 49만여㎡에 총사업비 5,028억 원을 투입해 R&D 종합센터, 복합문화·스포츠 시설 및 친환경 주거단지(1,533세대) 등을 조성할 예정이다.

〈부천종합운동장역 일대에 예정된 교통망 노선〉

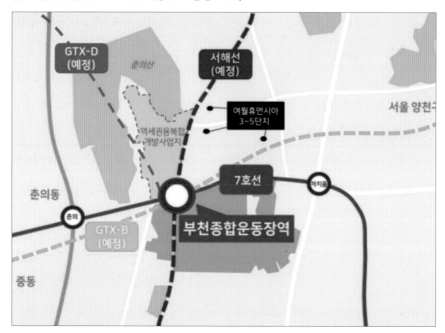

출처 : 땅집고

GTX B 부천종합운동장역은 부천시 전체적으로 거점역이 될 것이며, 인근 춘의역과 여월지구 아파트들까지 덩달아 수혜를 받을 것으로 보인다. 춘의역은 제조공장들과 지식산업센터 등이 혼재되어 있는 공업지역이기에 사실상 수혜지역은 인근 여월지구의 휴먼시아 아파트들이다. 아니면 7호선으로 2~3거장 떨어진 신중동역, 부천시청역과 상동역 일대 아파트들이다.

〈부천종합운동장역세권 융복합개발 사업 토지이용계획도〉

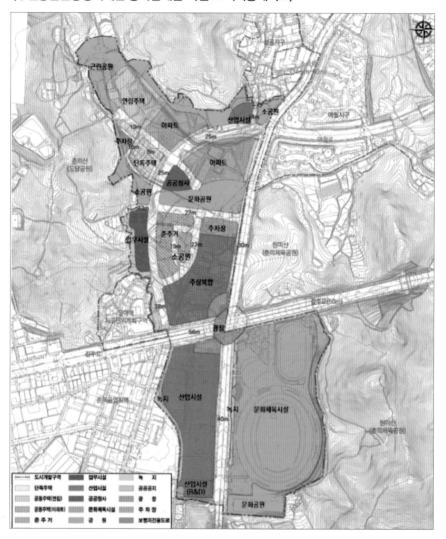

출처 : 부천시 홈페이지

별내역 – 남양주의 별이 될까?

남양주에는 별내·다산·왕숙 등 3개 신도시가 조성되고 있다. 남양주의 인구는 2022년 말 기준 73만 명인데, 매년 인구가 2~3만 명씩 증가하고 있다. GTX B 별내역 개통과 왕숙 신도시 입주가 완료되면 인구가 100만 명까지 충분히 성장할 수 있는 거점도시다.

〈남양주 3개 신도시 위치 및 현황도〉

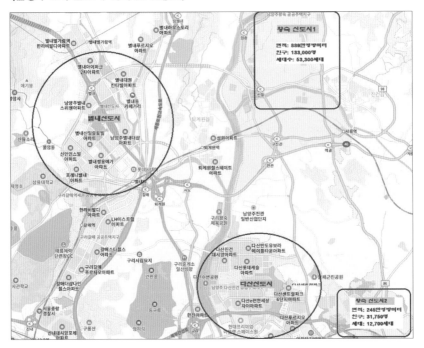

출처 : 네이버 지도

3개 신도시 중에 별내 신도시는 2만 5000세대, 다산 신도시는 총 3만 2,000여 세대, 왕숙 신도시는 6만 6,000세대로 가장 큰 규모다. 별내 신도시는 서쪽으로는 노원구, 남쪽으로는 구리시와 접해 서울 접근성이 좋다. 별내 신도시는

2004년 말부터 택지개발지구로 조성되었고, 2016년 무렵 아파트 입주가 거의 마무리되었다.

별내 신도시의 최대 장점은 서울 도심 접근성이다. 별내역에는 경춘선·8호선(2023년 9월 연장개통)이 운행 중이며, GTX B노선(2028년경)까지 개통되면 트리플역 세권이 된다. 별내별가람역에도 4호선 및 8호선 개통이 예정되어 있다.

〈남양주 별내·왕숙지구·광역철도 계획〉

출처 : 땅집고

별내 신도시의 대장 아파트는 별내역 인근의 '별내자이더스타' 아파트(2023년 12월 입주)와 별내별가람역 인근의 '별내아이파크 2차' 아파트다. 2023년 말 현재, 시세는 34평이 6~8억 원대 사이이다.

〈별내신도시 내 주요 역세권 아파트〉

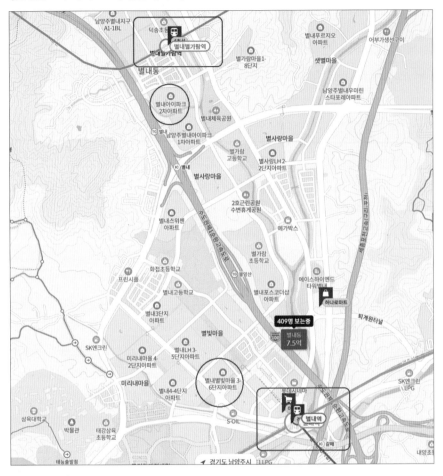

출처 : 네이버 지도

다산 신도시는 2017~2018년 사이에 입주했고, 경의중앙선 도농역이 있어 인근 청량리(20분대), 서울역(40분대)까지 이동이 편리하다. 강북권역으로는 지하철로 이동할 경우 출퇴근이 편하나 강남권역으로 출퇴근 시에는 교통체증이 심해 상당한 시간이 소요된다.

다산이편한세상자이, 다산유승한내들센트럴, 다산자연앤e편한세상, 힐스테이트다산, 다산자연앤롯데캐슬 아파트가 가격을 주도한다.

2023년 말 기준, 다산이편한세상자이 아파트는 34평이 8.9억 원대다.

〈다산신도시 내 관심 아파트〉

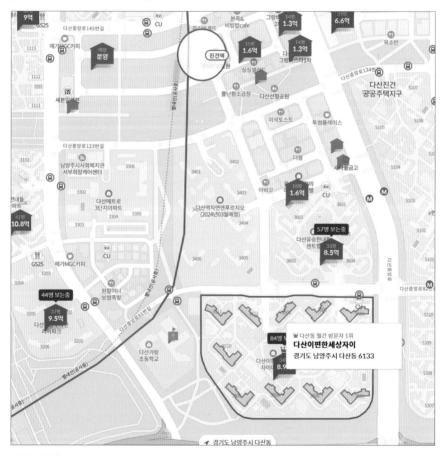

출처 : 호갱노노

GTX C

GTX C 개요

GTX C노선은 현대건설 컨소시엄이 사업시행자로서 총사업비 4조 6,084억 원을 들여 양주 덕정에서 삼성역을 거쳐 수원까지 총 74.8km 구간 14개 역을 연결하는 국가철도망이다.

덕정, 의정부, 창동, 광운대, 청량리, 삼성, 양재, 정부과천청사, 금정, 수원 등 총 14개 역에 정차한다. 민간사업자가 건설 및 운영하는 BTO 방식으로 운영된다. 5년간 건설하고 40년간 운영하게 된다.

〈GTX C 사업 주요 현황〉

구간	수원 수원역~양주 덕정역
총 연장	74.8km
추정 사업비	4조 3,857억 원
우선협상대상자	현대건설 컨소시엄
개통 예정	2026년 말
쟁점	은마 아파트 노선 우회 여부, 창동역~도봉산역 구간 지상·지하 논란, 양주역 정차 여부 등

출처 : 국토교통부

〈수도권광역급행철도 C노선 노선도〉

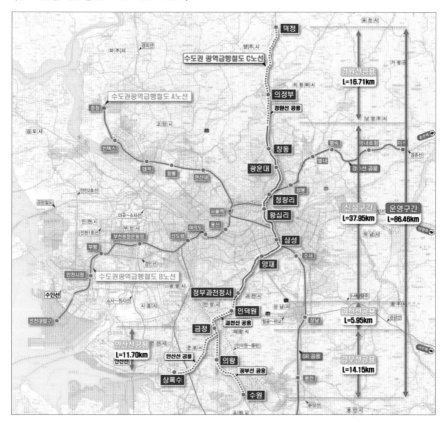

출처 : 국토교통부

수원역 – 수도권 남부의 거점도시

수원역은 지하철 1호선과 분당선 및 경부선 KTX가 운행 중이며, 102개의 광역·일반 버스노선이 서울과 경기도 지역 곳곳을 연결하는 수도권 남부의 거점역이다. 또한 수원역은 AK플라자, 롯데백화점, 롯데몰, 롯데마트, KCC몰 등 대형 편의시설이 많이 들어서 있으며, 교통과 상권이 집중된 전통적인 요충지다.

향후 2028년경, GTX C 수원역이 개통될 경우, 삼성역까지 27분이면 진입이 가능하며, 인덕원–동탄선(2026년경), 신분당선 연장(2028년경)까지 개통될 경우, 수도권 남부권역에서 주요 도심지로 30분이면 이동 가능한 사통팔달의 교통요지가 된다.

〈호남고속철도, 인천발/수원발 KTX노선 개요〉

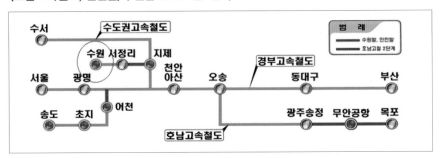

출처 : 국토교통부

GTX C노선이 개통되면 서울 삼성역까지 한 번에 갈 수 있다. 기존 전철망을 이용해 삼성역을 가려면 금정역에서 내려 4호선으로 환승한 뒤 다시 사당역에서 2호선으로 갈아타야 하는데, 이러한 번거로운 과정이 생략된다. 시간도 기존 73분에서 26분으로 대폭 줄어든다. 서울과 경기 북부로 연결되는 교통이 획기적으로 개선되는 셈이다.

라첼의 수원역 임장노트

수원역은 동부 역세권(구도심)과 서부 역세권(신도심)으로 구분된다. 동부 역세권은 먹자 골목이 발달한 저녁 상권이고, 서부 역세권은 주부·직장인들이 롯데백화점·AK플라자 등을 쇼핑하는 낮 상권이다.

수원역 일대에서 대장 아파트라면 대한대우푸르지오(1,293세대)와 센트라우스(1,094세대) 정도다. 대한대우푸르지오 아파트는 23년 된 구축 아파트지만, GTX 호재로 꾸준히 가격이 오르는 중이다. 2023년 말 현재, 32평 아파트 시세는 6억 원 정도다. 서부 역세권에 있는 센트라우스 아파트는 17년 된 아파트로 33평 기준 6억 원대 초반이다.

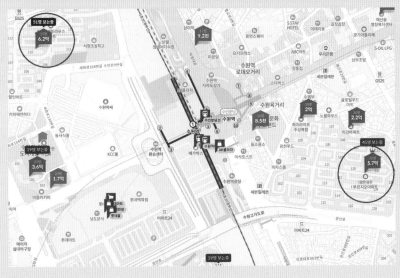

출처 : 호갱노노

금정역 - 역세권 재개발 사업을 주목할 것!

현재 금정역은 지하철 1호선, 4호선을 비롯해 GTX C노선까지 개통되면 트리플 역세권이 되며, 금정역에는 복합환승센터가 들어선다.

〈금정역 복합환승센터 조감도〉

출처 : 군포구청 홈페이지

금정역 좌측 권역은 산본시장과 래미안하이어스 아파트가 있고, 우측에는 준공업지역으로 소규모 제조공장들과 빌라가 혼재된 지역이다.

관심 있는 재정비 사업은 '금정역 역세권 재개발'인데, 금정역 앞 300m 정도 떨어진 곳에 위치해 있다. 1만 7,000여 평의 부지를 정비해서 36층 높이 9개 동, 총 1,441세대 규모의 신축 아파트를 조성하는 사업인데, 2021년 12월 정비구역만 지정되었고, 조합 결성은 안 된 상태라 입주까지는 시간이 한참 걸릴 듯하다.

라첼의 금정역 임장노트

금정역 일대 아파트 중 대장주는 '힐스테이트 금정역'이다. 2022년 3월에 입주한 총 843세대의 초역세권 신축 아파트다. 2023년 말 현재 34평 기준 10억 원 정도에 시세가 형성되어 있다.

그 밖에 37년 차 구축인 안양삼성 아파트가 있다. 20평형이 2023년 말 기준 6억 원대다. 비록 구축 소형 아파트이긴 하나, 입지적으로는 금정역 역세권 개발의 수혜를 한 몸에 받을 수밖에 없는 좋은 위치에 있다.

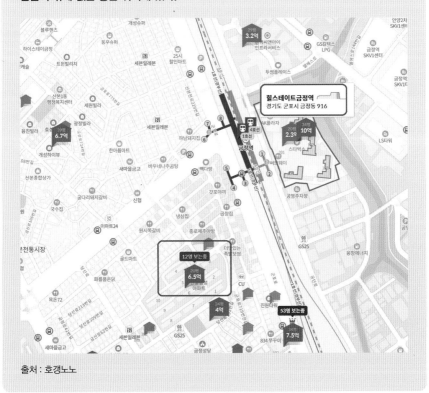

출처 : 호갱노노

인덕원역 – 쿼드러플 교통거점

안양시는 인덕원 일대 약 15만 973㎡ 부지에 '콤팩트시티'를 조성할 예정이다. '콤팩트시티'는 도시를 고밀도로 개발해 도시 팽창을 줄이고 한 공간 안에서 다양한 시설을 이용할 수 있게 해서 이동시간을 최소화하고, 경제적 효율성을 높이는 도시개발 방식이다. 안양시는 인덕원 주변 도시개발 사업 부지에 환승주차장·환승정류장 등 복합환승센터와 청년임대주택을 포함한 공동주택 796가구, 공공지식산입센터, 공공시설, 근린생활시설 등을 조성할 계획이다.

〈인덕원역 복합개발 조감도〉

출처 : 안양시청 홈페이지

인덕원은 현재 지하철 4호선이 운행 중이며, 향후 월판선(월곶–판교선)과 인동선(인덕원–동탄선) 및 GTX C노선까지 모두 개통될 경우, 쿼드러플 역세권이 된다.

정부과천청사역 - 과천은 사실상 경기도의 강남!

과천은 강남으로의 출퇴근 접근성· 쾌적성· 교육여건 등 어느 하나 빠지지 않는 경기도 최고의 부촌 중 하나다. 개인적으로 필자에게 과천은 결혼 후(1990년대 말) 처음 정착한 곳이라 마음의 고향과도 같은 곳이다.

과천 푸르지오써밋이 재건축되기 전인 주공 1단지에 살면서 주말 아침이면 늘 관악산 약수터로 등산하러 다녔고, 인근 현대미술관이나 서울대공원 등 놀러 갈 곳도 많았다.

사당·양재 등 강남으로 진입하기 좋고, 지하철 4호선 역이 도심 곳곳에 있기에 도로·철도를 통한 출퇴근이 편리하다. 필자에게는 2000년 초까지 약 5년여간 거주한 후 평촌으로 밀려났던 아픈 추억이 있기에 그 후 어쩔 수 없이 필자가 매우 공격적인(?) 부동산 재테크를 하게 된 계기가 되었다.

투자 대상으로 과천을 고려한다면, 크게 세 군데를 봐야 한다.

① 과천 재건축단지
② 과천 신도시
③ 과천 지식정보타운

〈과천시 3대 투자 포인트〉

출처 : 네이버 지도

과천 재건축 단지

과천시는 1970년대 말 개발된 원조 신도시로서 총 13개 단지의 주공 아파트가 하나씩 재건축되고 있다. 관악산자락의 주공 11단지를 재건축한 '래미안에코팰리스'가 제일 처음 2007년도에 입주했고, 주공 3단지를 재건축한 '래미안슈르'아파트가 2008년 입주했다. 필자가 살았던 주공 1단지는 '과천 푸르지오써밋' 아파트로 재건축되어 2020년 4월 입주했다.

7단지를 재건축한 '센트럴파크 푸르지오써밋(2020년 12월 입주)'은 공원을 끼고 있고 과천역과 인접한 초역세권 아파트라 인기가 좋다.

〈과천시 재건축 아파트 단지〉

출처 : 〈매일경제신문〉

나머지 주공 4·5·8·9·10단지는 아직 재건축이 진행 중이다. 주공 8단지(1400

세대)·9단지(740세대)는 통합재건축으로 진행되는데, 2022년 4월 현대건설이 시공사로 선정되어 '디에이치 르블리스'라는 브랜드명으로 지상 35층 높이 25개 동에 총 2,837가구가 들어설 예정이다.

과천 지식정보타운

과천은 전 도시의 90%가 그린벨트 지역이다. 과천 지식정보타운은 과천과 인덕원 사이의 갈현동과 문원동 그린벨트 일대 약 41만 평을 개발하는 사업이다.

〈과천지식정보타운 내 주요 공공주택 분양단지〉

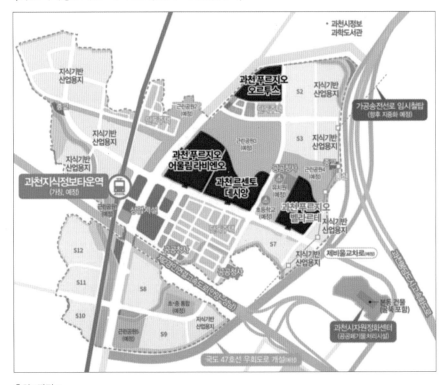

출처 : 땅집고

'지식정보타운'이라는 이름 그대로 안국약품·일성신약·코오롱글로벌·펄어비스·넷마블등 약 116개의 우수기업과 산학협력단이 자리 잡을 예정이라 최소 3만 명 이상의 산업 클러스터 인력 증가가 예상된다.

과천 지식정보타운은 강남과의 접근성과 친환경 기반시설 및 고급 주거단지가 계속 준공 중이고, IT 첨단기업들도 속속 입주할 예정이며, 지하철 4호선 '지식정보타운 역'도 들어설 예정이다. 과천 '지식정보타운'은 향후 판교에 버금가는 자족도시로 변모할 것으로 예상된다.

과천 신도시

과천지구는 2018년 9월 문재인 정부 때 발표된 3기 신도시 중 하나다. 당시 고양 창릉·부천 대장·인천 계양·하남 교산·남양주 왕숙·안산 장상·용인 구성·과천지구 등이 지정되었다.

과천지구는 4호선 경마공원역에서 선바위역 사이 구간의 그린벨트인 과천동·주암동·막계동 일대 47만 평에 주택 총 7,100가구를 공급하는 개발 사업이다. 사업 기간은 2019~2025년까지이며, 신도시 완성 시 거주 인구는 1만 8,000여 명 정도로 예상된다. 정부는 과천지구 광역교통 개선 대책의 일환으로 위례-과천선 개통 및 안양-사당 간 BRT를 통해 도심 접근성을 높일 계획이다.

〈과천 과천지구 위치〉

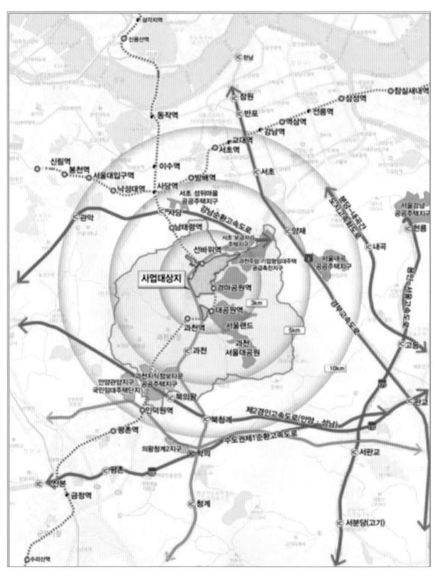

출처 : 한국주택도시공사

의정부역 - 군사도시에서 교통거점도시로 부상하는 의정부

GTX C노선이 개통되면 의정부역에서 서울역까지는 10분, 삼성역까지는 20분이면 도달할 수 있게 된다. 의정부시는 총 480억 원의 사업비를 투입해 지하 1층, 지상 2층, 연면적 1만 5,000㎡ 규모의 GTX 의정부역 복합환승센터를 착공할 예정이다. 2024년 착공에 들어가는 의정부역 복합환승센터에는 보행자 동선을 최소화해 버스, 택시, 승용차 등을 쉽게 갈아탈 수 있도록 설계하고, 지하에는 300면 규모의 공영주차장도 들어선다.

이로 인해 서울 강북권역, 소위 노·도·강에 사는 주민들이 의정부역 인근 아파트에 관심이 많다. 최근 서울에서 의정부로 전입한 인구통계를 보면, 서울 노원구·도봉구와 경기도 양주·남양주에서 의정부로 이사하는 인구가 압도적으로 많다. 향후 GTX C노선 개통 시 서울 외곽에서 더 쾌적하고 서울 접근성이 뛰어난 의정부 역세권으로 이동하는 수요가 급증할 것임은 말할 필요도 없다.

라첼의 의정부역 임장노트

미군 부대였던 캠프 라과디아 도시개발 사업에 주목할 필요가 있다. 포스코 이앤씨가 '더 샵 의정부역 링크시티'로 2023년 말 최고 48층, 6개 동, 1,401가구 규모로 일반분양하는 아파트다. 약 3만㎡에 달하는 공원이 조성되고 공공청사가 같이 들어올 예정이다. 또한 인근에 신세계백화점과 로데오거리, 제일시장, 을지대학교병원, 의정부시청, 예술의전당, CGV 등 각종 생활편의시설도 가깝다.

GTX D

GTX D 개요

⟨GTX D 예상노선 중 Y자 연결노선⟩

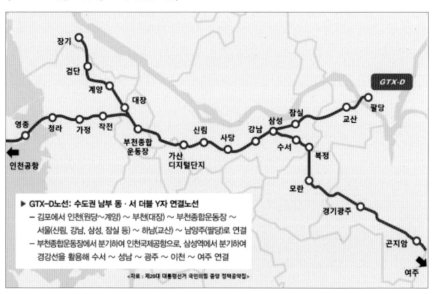

출처 : 제20대 대통령선거 국민의힘 중앙 정책공약집

GTX D노선은 제4차 국가철도망 구축계획에서 핵심의제로 제기되었지만, 아직 세부적으로 확정되지는 않은 상태다. 언론에서는 김포에서 검단, 계양, 대장 신도시, 부천종합운동장까지 이어지는 소위 '김부선' 라인을 거론하고 있다.

인천시는 부천종합운동장을 기점으로 인천국제공항과 김포시 DML 두 축으로 이어지는 Y자 노선을 주장하고 있다. 다만, Y자 노선은 구축 예상 비용만 10조 원 이상으로, 재정이 관건이 될 것으로 보인다.

김포 – '김포의 서울 편입', 가능한 이슈인가?

김포의 지도를 찬찬히 살펴보면 참 이상한 부분이 많다. 일단 도시 모양 자체가 권총같이 생겼다. 총부리는 서울을 겨냥하고 있다. 왜 김포는 이렇게 기형적인 모양을 갖추게 되었을까?

김포라는 도시의 역사를 들여다보면, 참 재미있는 부분이 많다. 1963년에는 김포의 양동면과 양서면이 서울시로 편입되어 지금의 양천구와 강서구가 되었다. 그래서 마곡지구에 사는 필자의 한 지인은 아버님의 고향이 김포라고 한다. 마곡 바로 옆에 위치한 김포공항의 이름을 두고도 말이 많다. 김포공항이 지어질 당시만 해도 당연했던 명칭이나 지금은 '서울공항'으로 바꿔야 한다는 주장이다.

1975년에는 김포의 오정면이 부천시로 편입되었다. 1989년 김포의 계양면이 인천으로 편입되었고, 1995년에는 다시 김포 검단면이 인천시로 편입되었다. 검단면이 인천으로 편입될 당시에는 주민투표로 부쳐져 찬성표가 많아 편입되었지만, 당시 반대했던 주민들의 반발도 만만치 않았다고 한다.

〈경기도 김포시 지도〉

출처 : 네이버지도

어쨌든 이후 김포에서 분리된 계양과 검단은 서울과 연접한 인천의 핵심권역
이 되었다. 다만 검단은 신도시가 만들어지는 단계라 병원·학원 등 기본 인프라
가 부족해 사실상 김포 풍무동 생활권이다.

김포의 인구는 2022년 4월 현재 48만 5,609명으로, 2012년 29만 9,199명
에 비해 61.6%나 증가했다. 김포 인구가 증가한 것은 아마 2기 신도시인 김포
한강 신도시의 입주 영향이 컸다고 봐야 한다.

김포에는 뚜렷한 산업단지 하나 제대로 형성된 곳도 없고, 아파트로만 빽빽
이 채워져 있어 전형적인 서울 출퇴근자들을 위한 베드타운이다. 그래서 김포의
유일한 전철인 김포 골드라인은 늘 인파로 북적대기에 '김포 골병 라인(일명 '김골

라)'이라는 악명으로도 유명하다.

최근 김포의 서울 편입 이슈를 둘러싸고, 일단 김포 시민 상당수는 긍정적으로 생각하고 있는 듯하다. 아무래도 서울 편입 시 집값이 오를 확률이 높다고 생각하는 기류가 반영된 것 같다.

라첼의 김포 임장노트

GTX D노선은 아직 세부 노선이 확정되지 않았고, 개통 여부도 불확실하다. 다만, 김포 시민의 상당수가 사는 김포 한강 신도시와 최근 콤팩트 도시로 개발할 예정인 '김포 한강 신도시 2'가 인접한 곳에 역사가 설치될 확률이 높지 않을까?

김포 고촌이나 풍무동, 사우동 일대는 도로망을 통한 서울 접근성이 양호하고 비록 지옥철이기는 하나 김포 골드라인을 통해 여의도 등 서울시로 출퇴근하기도 좋기에 당장 GTX D노선 개통의 필요성을 느끼지는 않는다.

대심도 40m 이상을 굴착해 시공하는 GTX는 천문학적인 비용이 요구되기에 예비타당성 통과까지는 아마도 시간이 오래 걸릴 듯하다. 일단은 지하철 5호선 연장 추진이 어떻게 될지부터 살펴보는 게 김포 부동산 투자에는 더 유리할 것 같다.

김포 한강 신도시

〈김포 신도시 개요〉

구분	김포한강(장기)	김포한강2
지정	2기 신도시	콤팩트시티
가구수	6만 1,000가구	4만 6,000가구
연계 교통	김포골드라인	5호선 및 GTX

출처 : 〈비즈워치〉

김포 한강 신도시는 2003년 노무현 정부 당시 서울의 과밀 해소 및 부동산 안정책 일환으로 발표된 2기 신도시로 출발했다. 당시 참여정부는 서울에서 평균 30km 이상 떨어진 외곽에 2기 신도시를 조성했는데 파주 운정, 화성 동탄, 김포 한강 신도시가 대표적이다.

김포 한강 신도시는 2006~2010년간 운양동·장기동·구래동·마산동 일대에 조성되어 총 6만 1,000가구, 15만여 명이 입주했다. 김포 한강 신도시 2는 2023년 윤석열 정부가 최초로 내놓은 신규택지로, 기존 김포 한강 신도시 인근의 마산·운양·장기동 일대 731만㎡ 부지에 총 4만 6,000가구를 조성하는 개발 사업이다. 김포 한강 신도시 2는 업무시설·주거시설·문화시설이 한곳에 모두 모여 있는 콤팩트시티로 개발된다.

검단 - 검단 신도시는 아직 개발 중?

검단 신도시는 노무현 정부 때인 2003년, 2기 신도시 정책의 일환으로 개발되었다. 검단시의 총수용인구는 7만 5,000세대로서, 고양 창릉(3만 8,000세대)이나 광명 시흥 신도시(7만 세대)보다 더 많다.

현재 검단 신도시는 총 75,000세대, 18만여 명 입주를 목표로 3단계로 나누어 조성될 예정이다. 이 중 김포시 풍무동에 가까운 1단계 부지는 2015년 10월 기반 공사가 시작되어 택지지구 조성이 진행 중이다.

검단 신도시에는 향후 인천지방법원 북부지원과 검찰청이 인천지하철 1호선 101공구역 인근에 들어선다. 검단 신도시의 대장 아파트는 입주 3년 차의 '검단 금호어울림센트럴' 아파트다. 단지 바로 앞에 넥스트 컴플렉스·인천지하철 1호선 역사 등 가장 호재가 많은 아파트다.

〈검단 신도시 위치도〉

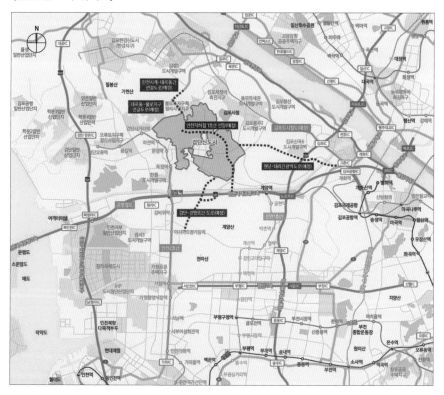

출처 : 한국토지주택공사

계양 – 계양 테크노밸리는 자족도시로 성장할까?

계양 신도시는 부천 대장지구와 함께 문재인 정부 때인 2018년, 수도권 3기 신도시 개발계획의 일환으로 개발되고 있다.

계양 신도시는 수도권 3기 신도시 중에는 규모가 가장 작은 17,000가구 규모지만, 그 대신 사업 진척 속도가 가장 빠른 편이다. 위치는 수도권 제1순환고속도로 계양IC 인근에 조성된다.

〈검단 신도시·계양 신도시·부천대장 신도시 위치도〉

출처 : 〈인천투데이〉

교통 대책으로는 김포공항철도와 지하철 5·9호선이 교차하는 김포공항역과 연결된다. 남쪽으로는 지하철 7호선으로 GTX B노선 복합환승센터 역인 부천 종합운동장과 연결된다. 입지상 마곡지구 등 서울 서남권으로의 출퇴근이 편리하다.

부천 대장과 마곡 –기업을 연구해야 부동산이 보인다!

부천 대장지구는 약 343㎡ 부지에 2만 세대로 조성되는 3기 신도시다. 지하철 5·9호선 김포공항역과 7호선 부천종합운동장역을 잇는 S-BRT(고급형 간선급행버스)를 신설하며, GTX D노선도 착공 예정이다. 부천 대장지구에서 S-BRT와 GTX를 이용하면 서울역과 여의도까지 30분이면 이동 가능하게 된다.

얼마 전, SK그룹이 부천 대장지구에 2027년까지 1조 원을 투입해 약 13만 7,000㎡ 부지에 연면적 40만㎡ 규모의 'SK그린테크노캠퍼스'를 조성할 방침임을 밝힌 바 있다. 부천 대장지구의 'SK그린테크노캠퍼스'에는 SK이노베이션·SK에너지·SK지오센트릭·SK온·SKC·SK머티리얼즈·SK E&S 등 7개 계열사에서 친환경, 에너지 분야를 연구하는 석·박사급 인력 3,000명이 근무할 예정이다.

부천 대장지구의 'SK그린테크노캠퍼스' 부지(13만 7,000㎡)는 서울 마곡지구에 있는 LG사이언스파크(17만㎡)에 버금가는 규모다. 세계적으로 전기차에 탑재되는 이차전지를 생산할 수 있는 기업은 한국의 LG에너지솔루션·삼성SDI·SK온과 중국의 CATL, 일본 파나소닉 등 몇 개사에 불과하다.

한국의 배터리 제조사들이 글로벌 시장을 장악하면서 에코프로비엠·엘엔에프·포스코케미칼 등 국내 중견기업들을 중심으로 자연스럽게 배터리 밸류체인까지 완성되고 있다.

〈인천 계양-부천 대장 S-BRT 노선도〉

출처 : 국토교통부

그렇다면 LG에너지솔루션의 본사는 어디에 있을까? 서울 마곡지구 'LG사이언스파크'에 있다. LG그룹은 약 4조 원을 들여 'LG사이언스파크'를 조성해 2만 1,000여 명의 임직원을 입주시켰다. 마곡지구는 LG그룹의 입성으로 인해 광화문, 강남, 여의도에 이어 '서울의 제4업무지구'로 탈바꿈했다.

결론적으로 SK그룹의 부천 대장지구 입주 결정으로 향후 부천~김포공항~마곡 벨트에는 4차 산업혁명을 주도할 이차전지 산업 클러스터가 형성될 가능성이 크다. 부천 대장지구에는 SK그룹 임직원 7,000명이, 마곡지구에는 LG그룹 직원 2만 1,000명이 일하게 되면 주변 부동산 시장은 어떻게 될까?

"부동산은 일자리 따라 상승한다."

Part 4
EX 100 편

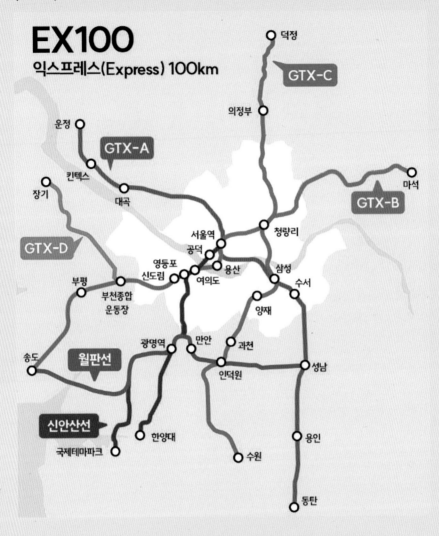

EX100
익스프레스(Express) 100km

덕정

GTX-C

의정부

운정

GTX-A

킨텍스

장기

대곡

마석

GTX-B

GTX-D

서울역

공덕

청량리

영등포
신도림

용산

여의도

삼성

부평

수서

부천종합
운동장

양재

송도

광명역

만안

과천

월판선

인덕원

성남

신안산선

한양대

용인

국제테마파크

수원

동탄

출처 : 리얼캐스트

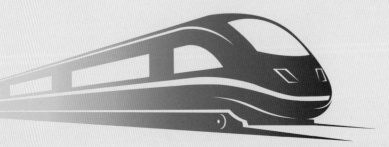

'EX 100'이란?

'EX 100'은 'Express 100km'의 줄임말로 시속 100km 이상으로 운행하는 광역고속철도망을 지칭한다. 수도권에서는 GTX를 비롯해 월곶-판교선, 신안산선, 인덕원-동탄선이 대표적이다. 지하철 평균 시속이 40km 정도라고 할 때 'EX 100'의 평균 시속은 100km 정도니 수도권 외곽이라도 서울 접근성이 2.5배나 빨라진다.

신안산선은 안산·시흥·석수 등 수도권 서남부권역의 거점도시들과 여의도를 잇는 광역전철로 2025년 말에 개통될 예정이다. 월판선(월곶–판교선)은 시속 250km대로 달릴 수 있는 한국형 준고속철도로 2027년경 개통 예정이다. 인동선(인덕원–동탄선)은 최고 시속 110km로 운행되는 광역전철이다.

'EX 100' 개통을 앞두고 필자가 주목하는 도시는 송도, 광명, 시흥, 안산, 인덕원이다. 하나씩 짚어나가도록 하자.

월판선 –
수도권 남부 산업벨트가 완성된다

　2027년경 개통될 월곶-판교선은 시흥의 끝자락인 월곶에서 시작해 시흥시 청역, 광명역, 인덕원을 지나 판교까지 연결되는 전철이다. 월곶-판교선은 좌측 방면으로는 수인선을 통해 송도 신도시와 연결되고, 우측 방면으로는 경강선을 통해 경기도 광주 및 강릉까지 연결된다. 월판선의 또 다른 장점은 기존 지하철의 운행속도(**평균 40km/h**)와 대비해 2배 이상 빠른 준고속열차(**평균 70km/h, 급행 107km/h**)라는 점이다. 월판선 완공 시 이미 완성형 신도시로 평가받는 송도, 판교와 더불어 시흥과 광명의 인기가 더 올라갈 것으로 보인다.

〈철도 노선별 평균속도 비교〉

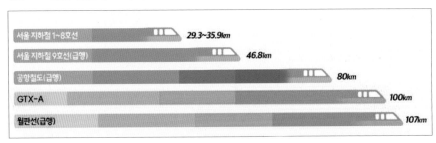

출처 : 리얼캐스트

〈경강선(월판선 포함) 노선도〉

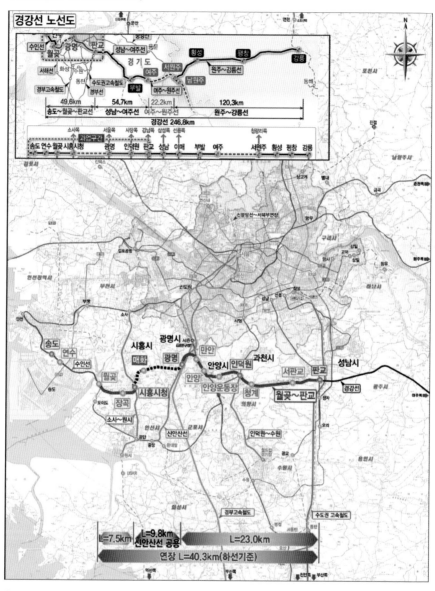

출처 : 국토교통부

신안산선 –
교통 소외지역의 반란이 시작된다

　신안산선은 안산시 한양대역을 시작으로 시흥시와 광명시를 거쳐 서울 여의
도까지 총 44km 구간에 건설된다. 신안산선은 GTX처럼 지하 40m 밑의 대심
도에 건설해 최대속도 110km로 운행하는 광역철도다. 2025년 말 신안산선 개
통 시 그간 교통 소외지였던 안산·시흥 등지의 철도교통이 획기적으로 개선된
다. 즉, 한양대역에서 여의도까지는 25분, 원시역에서 여의도까지는 36분밖에
안 걸리니 출퇴근 시간이 지금의 절반 이하로 단축된다. 여의도 직장인들의 신
규 배후 주거지역으로 안산과 시흥이 뜰 수밖에 없다.

〈신안산선 노선도〉

출처 : 국토교통부

수도권 서남부
교통거점도시를 주목하자

광명 - 사통팔달의 교통 허브도시

〈광명시 광역철도망계획〉

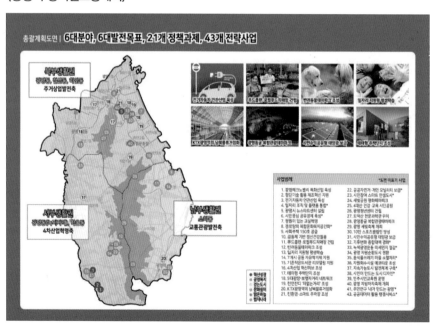

출처 : 광명시 2030 중장기 발전계획

광명은 과천과 함께 경기도권에서 서울 전화번호 02번을 사용하는 도시로 그만큼 서울 접근성이 좋다. 지하철 7호선을 이용해 강남권까지 30분이면 갈 수 있기에 광명 아파트 평균 매매가격도 웬만한 서울 외곽권 아파트보다 비싼 수준이다. 특히 광명 KTX 역세권 개발 사업과 광명-시흥 신도시 조성 등 대규모 개발 사업이 연이어 예정되어 있고, 교통 인프라도 획기적으로 좋아지고 있다. 광명은 수도권 서남부의 핵심 교통 허브이자 관문도시로 부상 중인 도시다.

광명 도시계획 2030에 따르면 광명은 크게 3개의 권역으로 나뉜다. 즉, 기존의 구심인 광명 북부 생활권역, KTX 광명역이 위치한 남부 생활권역, 광명-시흥 신도시가 들어설 서부 생활권역이다.

〈광명시 광역철도망계획〉

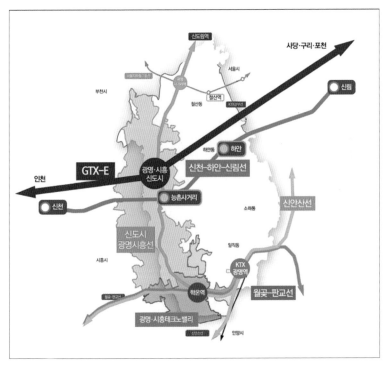

출처 : 광명시 홈페이지

광명뉴타운 살펴보기

광명뉴타운은 2002년 광명시가 광명동과 철산동 일대 228만 1,110㎡를 재개발 구역으로 지정하면서 시작되었다. 총 4만 3,000여 가구의 기존 재개발 지역을 11만 가구 규모의 대형 주거 타운으로 탈바꿈하는 사업이다. 광명뉴타운은 총 23개의 재개발 구역이 추진되었지만, 일부 사업장은 지정 해제되고 현재는 11개 구역만 진행 중이다.

〈광명뉴타운 주요 재개발구역 현황〉

출처 : 리얼캐스트

16구역이 가장 먼저 추진되었고, 입지 면에서는 11구역이 7호선 광명사거리역 바로 앞에 있어 가장 인기가 좋다. 최근에 분양된 4구역(1,957세대)의 경우 HDC현대산업개발이 시공을 맡았고, 국민 평형대 분양가격이 12억 원대를 넘었지만, 전부 완판될 정도로 인기가 좋다.

도보로 10분 이내 거리의 5구역(광명자이힐스뷰, 2,878세대), 2구역(베르몬트로광명, 3,344세대) 등도 연이어 곧 분양될 예정이다.

광명 KTX 역세권

〈2004년 광명역 일대〉

출처 : 광명시청

〈2019년 광명역〉

출처 : YTN

2004년 광명역 KTX 역사가 처음 개통될 당시 주변은 논밭뿐이었다. 하지만 점차 이케아·코스트코·롯데아울렛 등 프리미엄 쇼핑몰이 들어서고, 광명 국제디자인클러스터, 광명 미디어아트 밸리, 중앙대병원(700 병상급), 석수 스마트밸리 등이 잇달아 들어서면서 인근 아파트가격도 고공행진을 거듭했다. 현재 광명 KTX역은 4개의 철도와 5개의 고속도로가 만나는 수도권 핵심 교통 허브로 부상 중이다.

〈KTX광명역 인근 주요 개발 호재〉

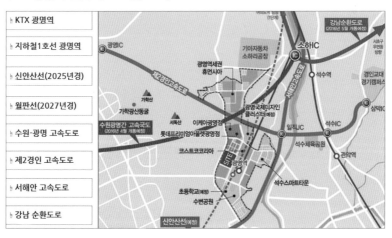

- KTX 광명역
- 지하철1호선 광명역
- 신안산선(2025년경)
- 월판선(2027년경)
- 수원-광명 고속도로
- 제2경인 고속도로
- 서해안 고속도로
- 강남 순환도로

출처 : 태영건설

광명 - 시흥 신도시

1981년 이후 인구 15만 명의 서울 배후도시로 출발한 광명시는 지난 40년간 KTX 역세권 개발 등으로 성장했으며, 광명 시흥 신도시와 광명문화복합단지 개발 등을 계기로 또 다른 도약을 준비하고 있다.

광명 시흥 신도시와 광명 시흥 테크노밸리

3기 신도시로 지정된 광명 시흥지구는 서울 도심까지 20분 내 진입이 가능한 교통망이 구축될 예정이다. 지하철 7호선, KTX에 이어 현재 공사 중인 신안산선, 월판선, GTX B, 제2경인선, 수색~광명 고속철도까지 모두 개통되면 사통팔달의 교통 중심지가 된다.

〈3기 신도시 광명 시흥지구 개발계획〉

구분	경기 광명시 광명동 옥길동 노온사동 가학동	경기 시흥시 과림동 무지내동 금이동 일원
규모	1,271만㎡(384만 평)	7만 가구
개발 방향	- 포스트 코로나 시대 대응 공간 구성 및 헬스케어 인프라 구축	- 목감천 치수대책으로 재해 안전 도시 조성 - 3기 신도시 최대 규모(약 380만㎡) 공원·녹지 확보
교통망 구축	- 1·2·7호선, 신안선선, GTX B, 제2경인선(에 타 중, 구로 차량기지 이전노선 포함) 등 연결하는 철도교통망 구축	- 고속도로 버스 환승체계 강화, 지구 내 순환 교통체계 구축 등 대중교통체계 강화 - 신도시 내외 도로 확장 - 신도시 주변 IC 신설 및 개선으로 고속도로 접근성 강화

출처 : 〈비즈워치〉

광명 시흥 테크노밸리는 총 2조 4,000여억 원을 투입해 광명시 가학동과 시흥시 무지내동 일원 245만㎡(**약 74만 평**)에 조성되는 융복합 첨단산업의 거점이다. 광명시는 광명 시흥 테크노밸리를 수도권 서남부의 4차 산업혁명을 선도하는 산업단지로 육성한다는 복안이다.

안산 - 반월공업도시에서 첨단산업벨트로 변신한다!

〈도시공간구조 구상〉

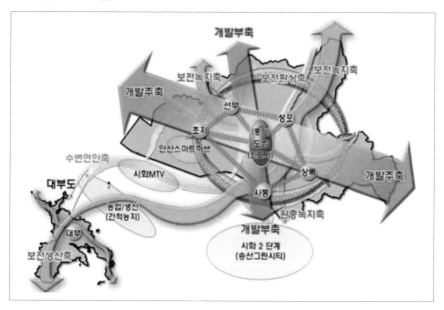

출처 : 안산 도시기본계획 2020

'안산 도시기본계획 2020'을 살펴보면 안산시청과 중앙역 일대가 안산의 중심 도심이며, 상록수 방향과 초지역 방향이 개발의 축이다. 안산은 지하철 4호선이 도시 중심을 좌우로 가로지르며 운행되기에 지하철 4호선 중앙역·초지역·한대앞역·상록수역 일대 부동산 가격이 가장 높다. 향후 2025년경 여의도까지 가는 신안산선이 개통되면 동서남북 방향으로 철도교통망이 원활해질 것이다.

라첼의 중앙역 임장노트

안산의 중심은 중앙역 일대다. 중앙역 일대는 안산시청이 가깝고 상업시설과 업무시설이 몰려 있는 핵심 요지다. 현재 중앙역에는 4호선·수인 분당선이 운행 중이며, 신안산선 개통 시 트리플 역세권이 된다.

〈중앙역 일대 대장 아파트〉

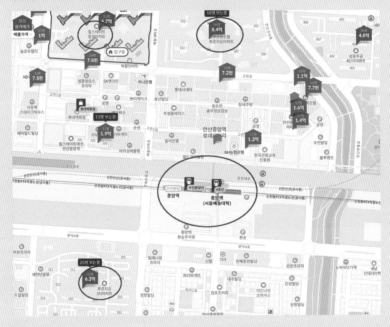

출처 : 호갱노노

중앙역 일대에서 대장 아파트는 힐스테이트중앙이다. 2023년 말 현재 34평이 9억 원대다. 입주 6년 차의 1,152세대 대단위 아파트. 그 옆 안산센트럴푸르지오 아파트도 34평이 8억 원대 중반이다. 두 아파트가 안산에서 가장 비싼 아파트들이다.

중앙역 남쪽으로 고잔푸르지오 3차도 눈에 띈다. 2002년에 준공된 구축아파트지만 1,134세대로 단지 규모가 널찍하고 무엇보다 중앙역 초역세권이다. 2023년 말 현재 국평 기준 6억 원대다.

라첼의 한양대역 임장노트

신안산선 한양대역은 안산고잔푸르지오 6차 아파트 우측 편 안산호수공원 부지(동그라미 친 부분)에 들어선다. 한양대 에리카혁신파크가 있으며, 한양대역 인근 경기테크노파크와 스마트도시 관련 사업 등의 시너지 효과도 기대된다. 안산호수공원도 있어 쾌적한 주거 요건을 가지고 있다. 말 그대로, 안산에서 직·주·학·녹이 몰려 있는 곳이다.

〈한양대역 일대 주요 관심 아파트〉

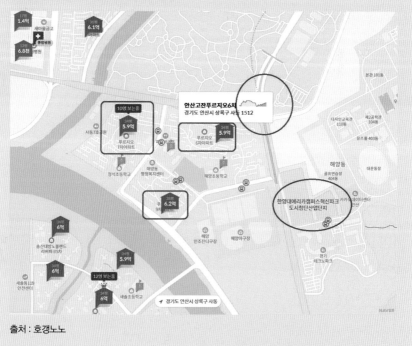

출처 : 호갱노노

시흥 – 시흥의 교통 잠재력을 주목하자!

15년 전 필자는 판교 아파트에 살면서 부천, 일산, 안양 등지의 경매 물건이 나오면 수도권 순환도로를 타고 입찰하러 다녔다. 그런데 '수도권 순환도로를 탈 때마다 판교IC와 평촌IC와 송내IC 인근은 차량으로 붐비는데 왜 안양과 부천 사이 시흥 인근은 한산할까?', '이렇게 좋은 입지에 왜 대규모 택지가 조성되지 않았을까?' 하는 의문점이 들곤 했다. 물론 최근에서야 시흥IC 인근에 은계지구와 부천 옥길지구가 들어서고, 3기 신도시 광명 시흥 신도시도 발표되었다.

시흥은 1기·2기 신도시는 아니지만 향후 서해선·월판선·신안산선이 모두 개통되면 서울로의 출퇴근이 훨씬 수월해질 전망이다. 특히 광명 시흥 신도시는 입지상 수도권 남부의 훌륭한 거점도시로서의 잠재력을 지니고 있다. 물론, 시흥에는 아직 뚜렷한 산업이 없어 서울 중심지로의 출퇴근자들을 위한 베드타운이라는 한계성은 있다.

시흥의 생활권역은 은행지구가 있는 북부권역, 시흥청사역과 장현지구 등의 중부권역, 배곧 신도시가 있는 남부권역 등으로 나뉜다. 사실 수도권에서 시흥의 위상은 논밭과 공단, 간척지 등이 산재된 변두리로서의 이미지가 강했다. 특히 1980년대 무렵 서울의 목동 일대가 미니 신도시급으로 조성되면서 기존에 있던 목동 철거민들이 정부의 보상금을 받아 시흥 목화마을로 대거 이주했던 이력도 담겨 있던 곳이라, 성남 구시가지와 비슷한 이미지가 남아 있다('목화마을'의 이름 속에는 '목동 철거민들이 화합하며 살자'라는 의미가 담겨 있다고 한다).

〈시흥도시기본구상〉

출처 : 2020 시흥도시기본계획

　하지만 시흥은 최근 개통 완료(2023. 7. 1)된 서해선을 비롯해 신안산선, 월판선 등 교통 호재가 만발하고, 장현지구·은계지구·목감지구 등 각종 택지지구가 속속들이 개발되면서 수도권 남부의 핵심지로 탈바꿈하고 있다. 특히 신안산선 개통 시 가산디지털과 여의도 출퇴근이 훨씬 용이해지며, 월판선까지 개통 시 송도-시흥-광명-인덕원-판교로 이어지는 수도권 남부 산업 벨트라인이 완성되어 핵심 교통요지로 바뀔 것으로 전망된다. 월판선이 기존 지하철보다 훨씬 빠른 고속전철이라 판교·안양 등에 직장을 둔 신세대 직장인들의 유입이 가속화될 것으로 보인다. 필자가 보기에 시흥은 마치 '흙 속에 감춰진 진주'라고 평할 만한 입지에 위치해 있다.

교통망 – 서해선·월판선·신안산선

시흥을 경유하는 지하철 노선으로는 2023년 7월 1일에 개통된 서해선과 2025년 말 개통 예정인 신안산선, 그리고 2027년경에는 수도권 남부 거점도시들을 이어줄 월곶-판교선 개통이 예정되어 있다.

시흥시는 2018년 6월에 소사 원시선이 개통된 데 이어 2023년 7월 1일 소사-대곡선까지 개통되면서 수도권 서부권역을 남북 방향으로 통과하는 서해선의 최대 수혜를 도시 전체가 고스란히 받고 있다.

〈시흥시 3대장 및 주요 철도노선〉

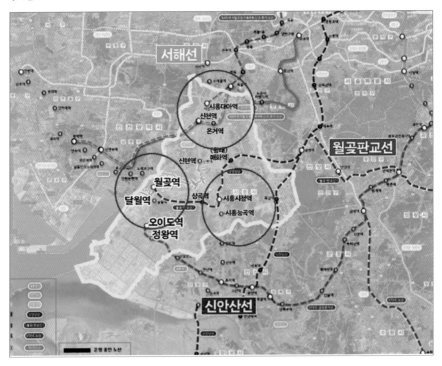

출처 : 〈파이낸셜 뉴스〉